西清雅韵

——天津市文物交流中心藏《西清砚谱》

天津市文物交流中心 编

文物出版社

图书在版编目（CIP）数据
西清雅韵 ：天津市文物交流中心藏《西清砚谱》 / 天津市文物交流中心编. -- 北京 ：文物出版社，2024. 9. -- ISBN 978-7-5010-8535-4
Ⅰ. K875.42
中国国家版本馆CIP数据核字第2024V6X457号

西清雅韵——天津市文物交流中心藏《西清砚谱》

编　　者：天津市文物交流中心

责任编辑：冯冬梅
封面设计：程星涛
责任印制：张　丽
出版发行：文物出版社
社　　址：北京市东城区东直门内北小街2号楼
邮　　编：100007
网　　址：http://www.wenwu.com
邮　　箱：wenwu1957@126.com
经　　销：新华书店
印　　刷：文物出版社印刷厂有限公司
开　　本：889mm×1194mm　1/16
印　　张：17.5
版　　次：2024年9月第1版
印　　次：2024年9月第1次印刷
书　　号：ISBN 978-7-5010-8535-4
定　　价：398.00元

编辑委员会

目录

前言

1982年，原天津市文物公司文苑阁门市部收购了5册写绘本砚谱册页，共计93开，内收录宋代石砚49方。砚谱为方册夹装，横、纵均31厘米，每册都配有木版面，首页钤『太上皇帝之宝』『懋勤殿宝』『乾隆御览之宝』『五福五代堂古稀天子宝』和『八徵耄念之宝』五玺，并有『弢斋祕笈』收藏印。由钤印可知，这几册砚谱流传有绪，最早出自清宫旧藏，后由曾担任过民国大总统的近代著名收藏家徐世昌珍存。2020年，天津市文物公司更名为天津市文物交流中心，在对库存文物的整理研究过程中，业务人员认真挖掘档案史料并比对已发表的相关资料，复经故宫博物院专家鉴定，确认这5册砚谱为清代乾隆年间内府编纂的《西清砚谱》写绘本中的一部分，具有较高的版本价值。现编印出版《西清雅韵——天津市文物交流中心藏〈西清砚谱〉》一书，以飨各界同好。

《西清砚谱》是记录清宫所藏历代名砚的专著，成书于乾隆四十三年（1778年），由乾隆帝钦赐书名并御制序文。『西清』一词出自西汉司马相如《上林赋》：『青龙蚴蟉于东箱，象舆婉僤于西清。』意为西堂清静所在，后指宫内游宴之处。清代紫禁城中的南书房亦别称西清，既是皇帝文学侍从、朝臣翰林学士值班的地方，也是校辑《四库全书》等大型丛书的场所。乾隆一朝所纂内府藏器品目多冠以『西清』之名，除《西清砚谱》外，还有以收录清宫典藏青铜器闻名的『西清四鉴』——《西清古鉴》《西清续鉴甲编》《西清续鉴乙编》《宁寿鉴古》。清宫藏砚数量众多，乾隆帝『因思物繁地博，散置多年，不有以荟综稡记，或致遗佚失传，为可惜也』，于是命内廷侍臣于敏中、梁国治、王杰、董诰、钱汝诚、曹文埴、金士松、陈孝泳甄别校订，由门应兆绘成图谱，共收录各类砚台240方，编为24卷，另附目录1卷。全书图文并茂，详细记录每方砚台的尺寸、材质、形制、出处和原藏者，核对纪年、署款、公私印记，对历朝史传的记载也有考证。砚台的正、背、侧面以西洋画法绘就，御题、御铭、御玺及前人款识、印记等由专人摹写，勾摹俱精，形象逼真。此书为了解清宫所藏历代名砚概况及流传经过、深入研究我国古代砚史提供了极为翔实的资料。

我中心收藏的5册《西清砚谱》相应为该书的第八册至第十二册，所录49方石砚共绘各种平面图、立体图、侧面图157幅，均采用西洋透视画法绘制而成，笔法细腻，图像清晰。凡所绘砚台与实物尺寸不一致者，都在品名后标注比例。每幅砚图配有文字说明，书法工整，内容翔实，不仅是珍贵的砚史资料，而且对研究以门应兆为代表的清代宫廷画师及清代宫廷美术史也有着重要的参考价值。《西清砚谱》编成后并未刊行，只有几部写绘本传世，分别藏贮于宫廷大内、园囿和盛京等处。各部写绘本内容基本一致，但细节略有不同，应存在时间早晚的些许分别。经比对，故宫博物院残存的8册本《西清砚谱》无论从尺寸、装帧还是写绘形式上均与我中心藏品完全相同，且故宫所藏的目录、第一册至第七册恰与我中心所藏的第八册至第十二册相连，二者原应为同一部写抄本，非常难得。

中华传统文化博大精深、源远流长，珍贵的史料文献是中华民族独特的精神标识，是中华民族生生不息、发展壮大的丰厚滋养。天津作为历史文化名城，拥有着深厚的历史底蕴和丰富的文化资源，近代以来东西方文明的碰撞与交融更是形成了天津鲜明独特的文化气质，由来已久的文物集藏传统也在这一时期发展到极致，形成收藏鉴赏名家云集、传世珍品名作荟萃的盛况。天津市文物交流中心前身天津市文物公司正是在这方收藏热土上成长起来的，并在63年的发展历程中收集保护了大量珍贵文物，培养出张慈生、田俊荣等众多业务精湛、甘于奉献的文物鉴定专家。历史跨入新时代，文物工作焕发新的生机，我们将继承前辈精神，发挥资源优势，为传承发展中华优秀传统文化尽到我们的微薄之力。

此次《西清雅韵——天津市文物交流中心藏〈西清砚谱〉》得以出版，首先要感谢为征集和保护《西清砚谱》等文物而辛勤付出的老一辈文物工作者，没有他们的筚路蓝缕，我们今天将缺少很多近距离欣赏珍贵文物的机会。同时也要感谢为编辑此书而付出努力的专家学者、中心同仁和出版社编辑，本书的出版凝聚着他们的才智与心血。在此谨代表本书编委会诚恳期待读者朋友们的批评指正。

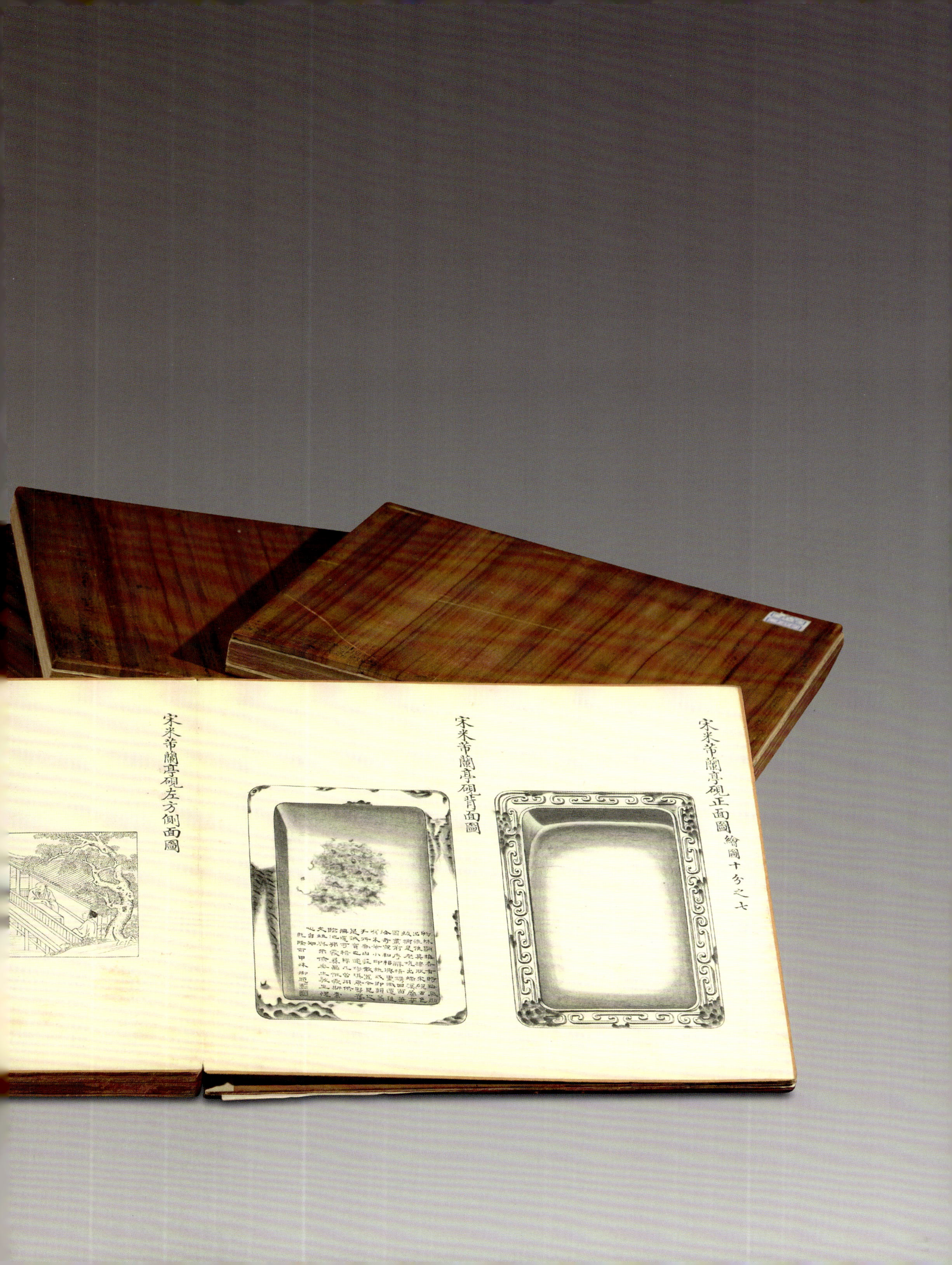
宋米芾蘭亭硯正面圖 繪圖十分之七
宋米芾蘭亭硯背面圖
宋米芾蘭亭硯左方側面圖

五福五代堂古稀天子寶
八徵耄念之寶

太上皇帝之寶
八徵耄念之寶

宋宣和八卦十二辰硯正面圖

繪圖十分之六

宋宣和八卦十二辰硯背面圖

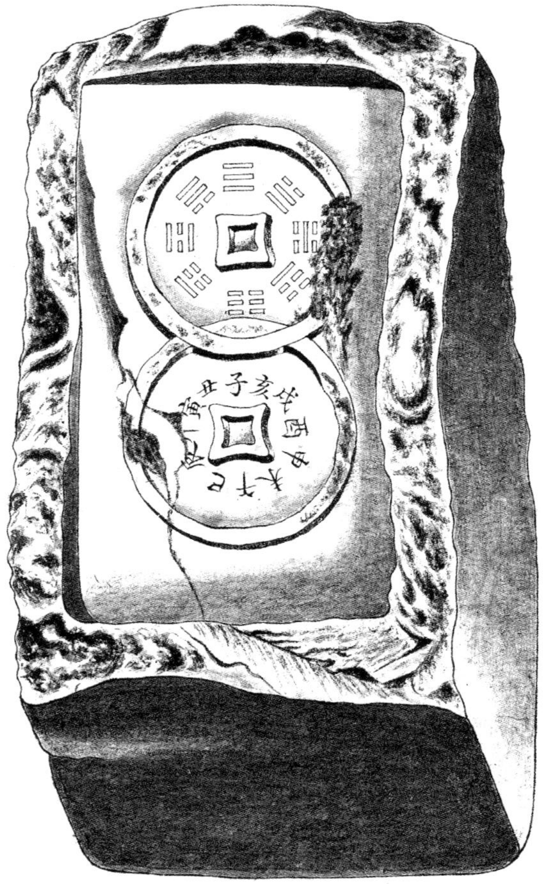

宋宣和八卦十二辰硯側面圖

宋宣和八卦十二辰硯背面銘款圖

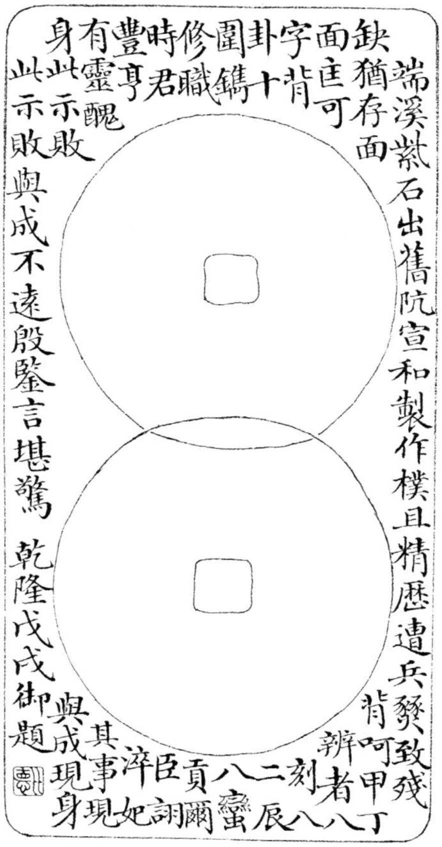

宋宣和八卦十二辰硯說

硯高六寸七分寬四寸三分厚一寸九分宋老坑端石色如豬肝硯面左角缺受墨處深凹墨池作圭首式硯首鐫宣和二字和字缺落不全左右銘十六字漫漶過半存者右中之華溫潤清六字下一字似是和字而不全左無涯二字涯字水旁亦缺俱篆書側面周刻八蠻底貢圖人物意態俱生動亦多駁落覆手四角俱缺中為連錢二上環刻八卦下環刻子丑寅卯辰巳午未申酉戌亥十二字楷書外周鐫

御製詩一首楷書鈐寶一曰比德匣蓋並鐫是詩隸書鈐寶二

曰比德曰朗潤

宋宣和八柱硯正面圖 繪圖十分之八

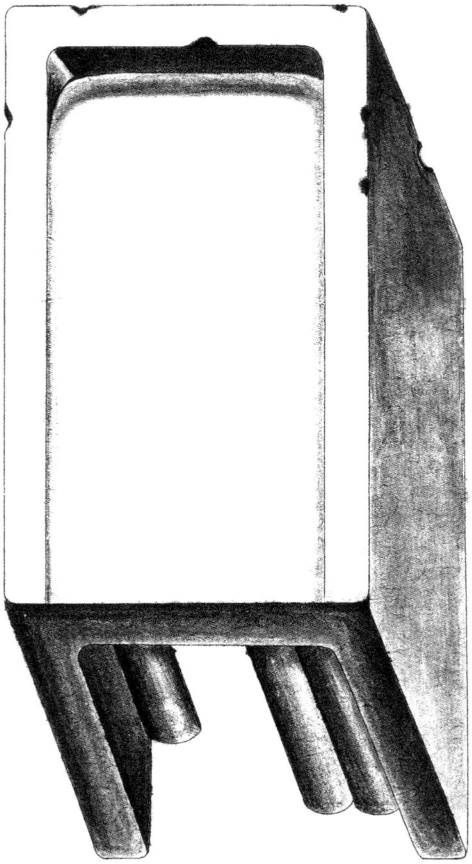

宋宣和八柱硯背面圖

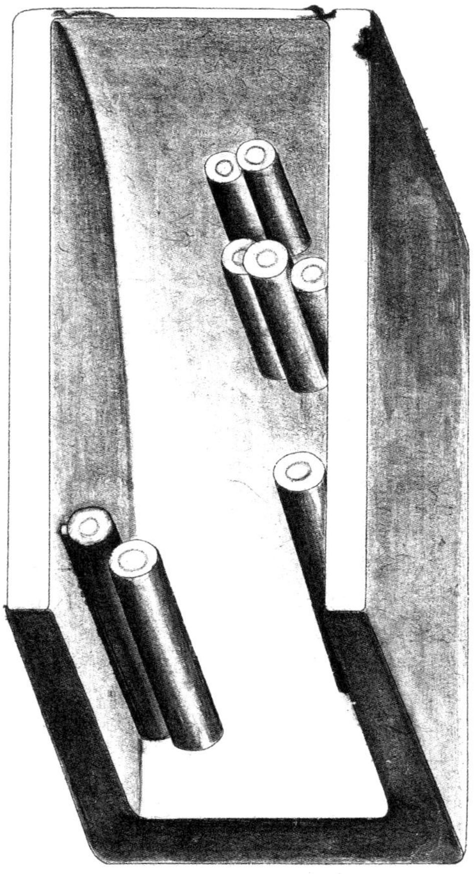

宋宣和八柱硯説

硯高四寸五分寬二寸六分許厚如之端溪老坑石面正平硯首墨池寬僅二分許深亦如之左側鐫

御題銘一首隸書鈐寶二曰比德曰朗潤右側鐫宣和六年秋八月製八字行草書硯背刻柱八長短相間鐫刻渾樸確係宋製匣蓋鐫

御題銘及鈐寶並與硯同

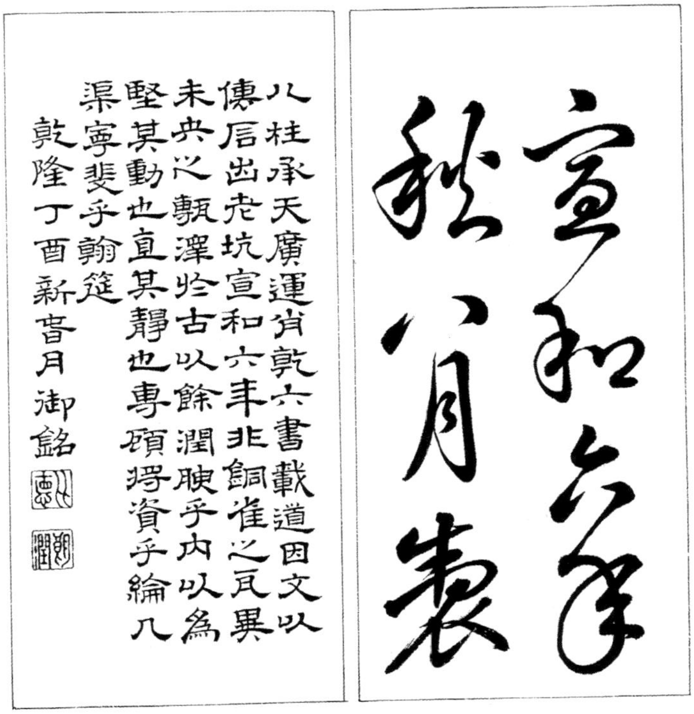

宋宣和八柱硯側面圖

宋端石睿思東閣硯正面圖繪圖十分之八

宋端石睿思東閣硯背面圖

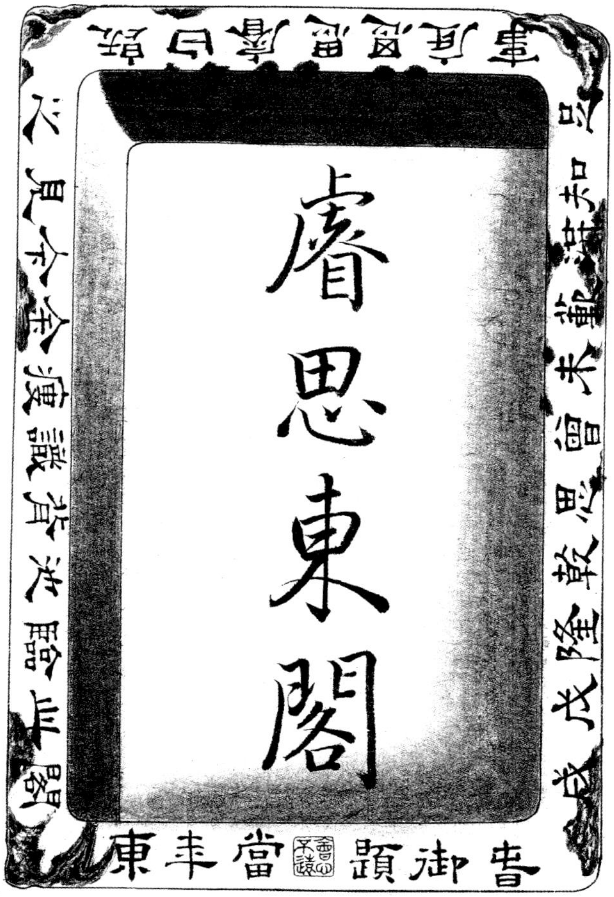

宋端石睿思東閣硯上下側面圖

宋端石睿思東閣硯左右側面圖

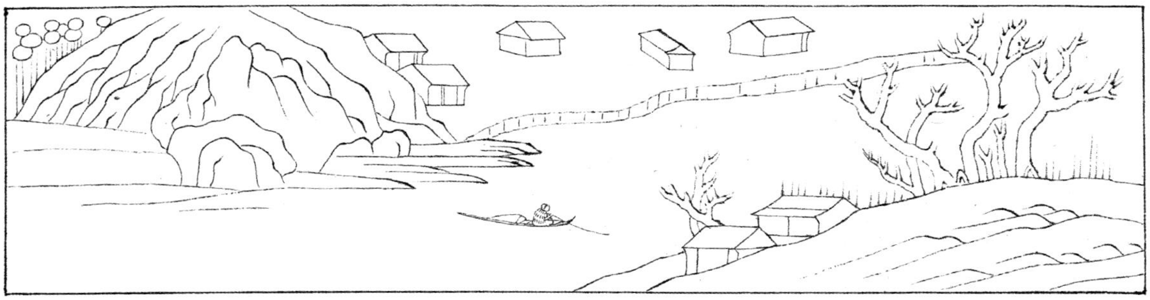

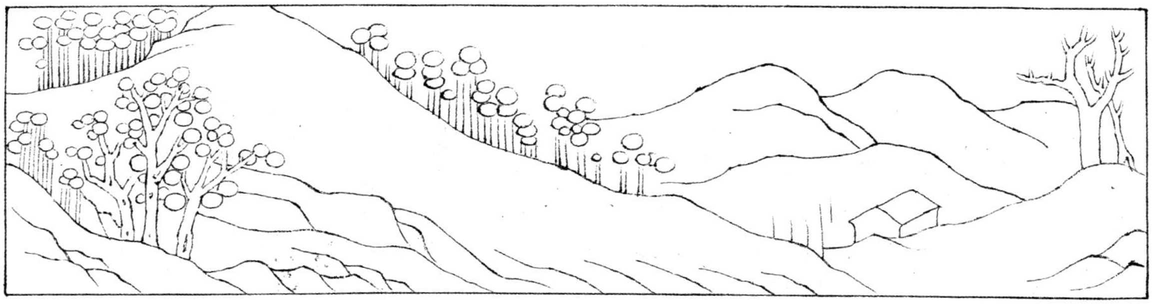

宋端石睿思東閣硯說

硯高六寸七分寬四寸四分厚一寸九分端溪水巖石也面寬平直下為墨池深八分邊寬四分許四角俱微有刓缺處側面周刻通景山水行筆簡古境趣蕭疎下署馬遠二字款行書硯背覆手深四分許中鐫睿思東閣四字行書硯跗周鐫

御題詩一首隸書鈐寶一曰會心不遠考元王士點禁扁引汴京宮圖載有睿思殿名又元陶宗儀書史會要稱宋徽宗書筆勢勁逸自號瘦金書馬遠工畫山水人物光寧朝待詔畫院是硯署睿思東閣四字極瘦勁其為北宋製作徽宗御書無疑想流傳至南渡後遠復補為之圖耳至其石肌細膩墨鏽古厚尤不易得匣蓋鐫

御題詩與硯同隸書鈐寶二曰乾隆

宋蘇軾石渠硯正面圖

繪圖十分之八

宋蘇軾石渠硯背面圖

宋蘇軾石渠硯側面圖

彤池紫淵出日所浴蒸為赤
霓以貫暘谷是生斯珍非
石非玉因材制用璧水環

復耕于中訓蓺我元粟
投粒則穫不炊而熟
元豐壬戌之春東坡題

宋蘇軾石渠硯說

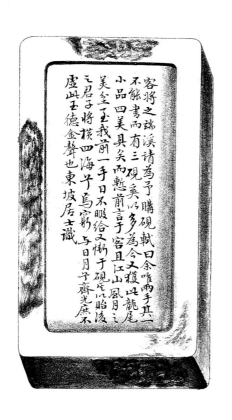

硯高三寸六分寬三寸五分厚一寸七分宋端石為之中受墨處環以墨池邊周刻流雲左右側面鐫宋蘇軾銘四十八字後署元豐壬戌之春東坡題九字款俱行書覆手凹下為兩層與硯面式相應中鐫
御題銘一首楷書鈐寶一曰朗潤匣蓋並鐫是銘行書鈐寶一曰幾暇怡情匣底鐫寶一曰乾隆御玩
宋蘇軾銘　彤池紫淵出日所浴蒸為赤霓以貫暘谷是

生斯琭非石非玉因材制用辟水環復耕予中洲埶我元
粟投粒則穫不炊而熟

宋蘇軾結繩硯正面圖

宋蘇軾結繩硯背面圖

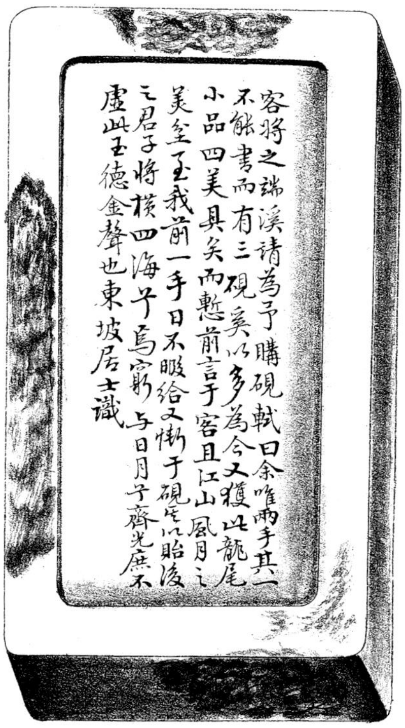

宋蘇軾結繩硯左方側面圖

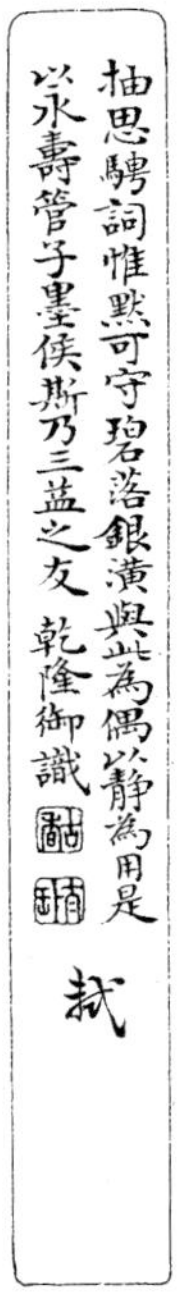

宋蘇軾結繩硯說

硯高四寸九分寬二寸一分厚五分宋老坑端石紫色黯然墨光瑩潤硯面周刻絢紋綰結再重上方結處為墨池入土年久與銅器融粘青綠斑駁可愛左側鐫

御題銘一首楷書鈐寶二曰古香曰太璞下有軾一字款覆手内鐫蘇軾識語九十七字署東坡居士識款五字俱行書

匣蓋外鐫

御題銘與硯同鈐寶二曰乾隆御賞曰幾暇怡情内嵌銀項子京家珍藏長方印一匣底鐫寶一曰乾隆御玩

宋蘇軾識語　客將之端溪請為予購硯軾曰余惟兩手其一不能書而有三硯奚以多為今又獲此龍尾小品四

美具矣而慭前言于客且江山風月之美𡍼至我前一手日不暇給又慚于硯其以貽後之君子將横四海乎焉窮與日月兮齊光庶不虛此玉德金聲也

宋蘇軾東井硯正面圖

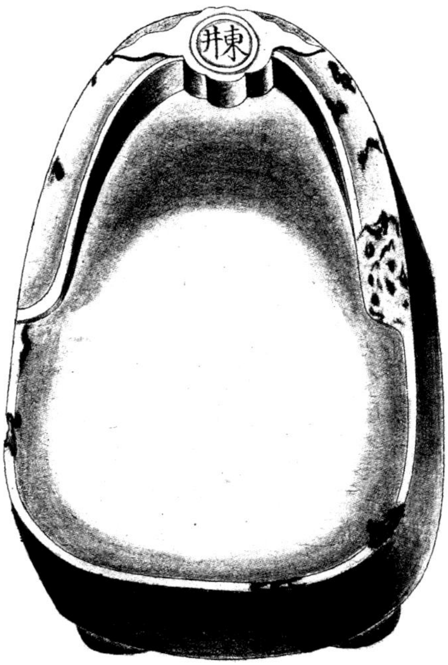

宋蘇軾東井硯背面圖

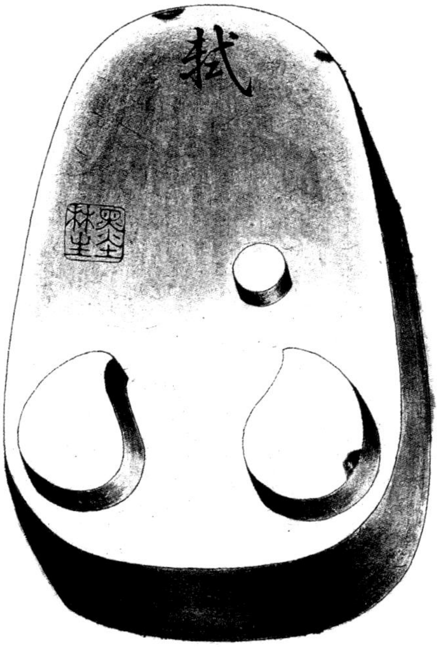

宋蘇軾東井硯下方側面圖

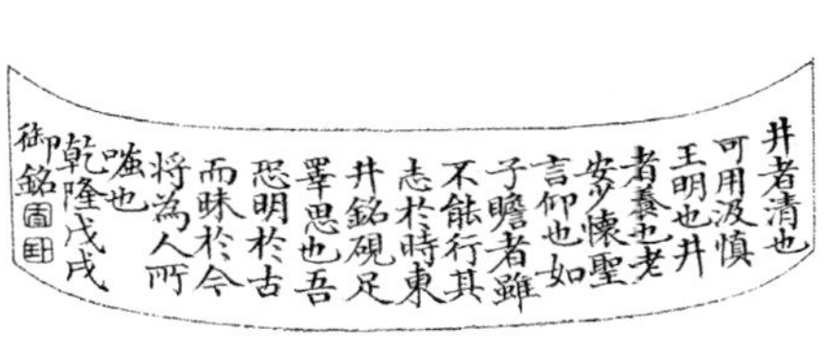

宋蘇軾東井硯說

硯高二寸五分上斂下哆上寬一寸四分下寬二寸五分厚一寸宋坑水巖石刻作鳳池式受墨處凸起斗入墨池首鐫東井二字楷書旁拱星雲周有駁蝕古意穆然硯背上方鐫軾字行書右方凸起活眼一左方有墨林生三字方印一下為鳳足二離几三分許下方側面鐫

御題銘一首楷書鈐寶二曰太璞匣蓋並鐫是銘隸書鈐寶二曰古香曰太璞考墨林生為明項元汴號是硯蓋曾供東坡滌翰後又入天籟閣中故並有印記云

宋蘇軾端石硯正面圖
繪圖十分之八

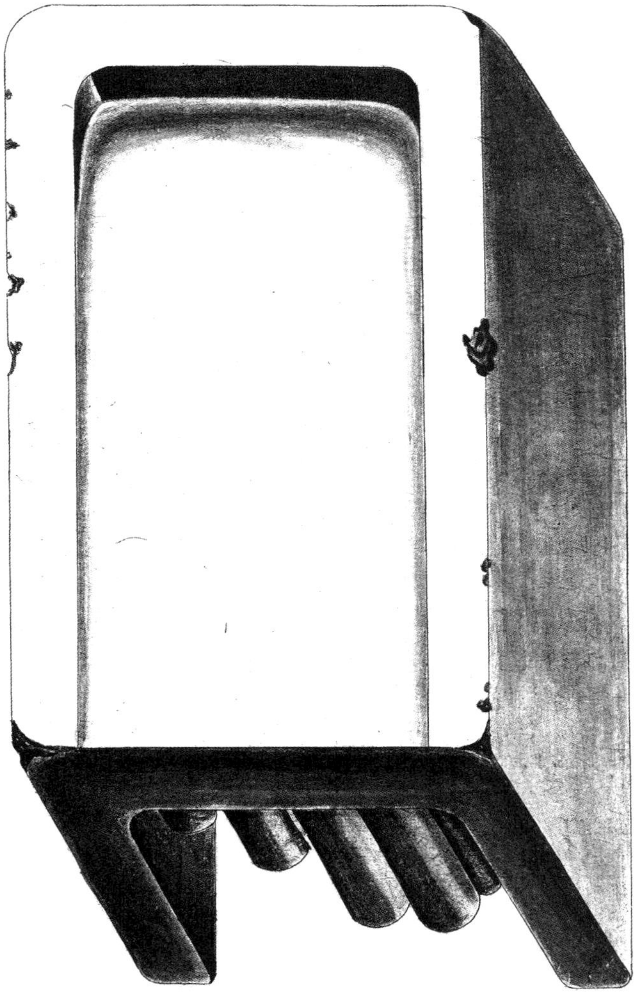

宋蘇軾端石硯背面圖

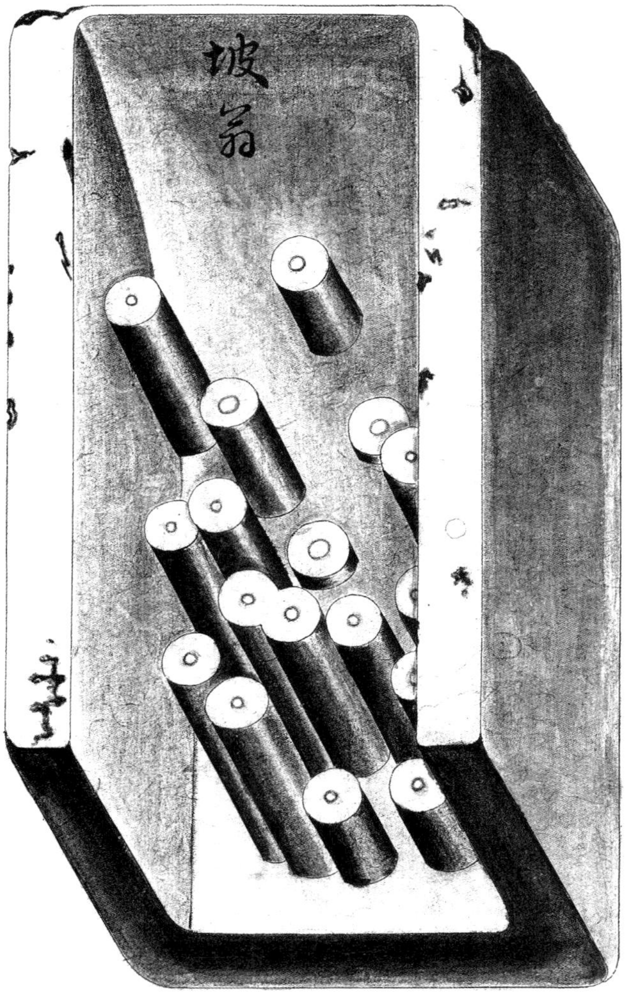

宋蘇軾端石硯左方側面圖

坡翁兩字背鐫深豈徒端溪容
所尋此老當時真手用果然不
壞到於今　乾隆御銘 乾 隆

宋蘇軾端石硯說

硯高五寸六分寬三寸四分厚二寸宋水巖端石面受墨處正平微凹墨池深二分許左側鐫

御題詩一首隸書鈐寶二曰乾隆匣蓋並鐫是詩亦隸書鈐寶同硯背刻石柱十有七有眼者大小十有三上方鐫行書坡翁二字左右足各眼一左足斜帶翡翠痕

宋蘇軾從星硯正面圖 繪圖十分之八

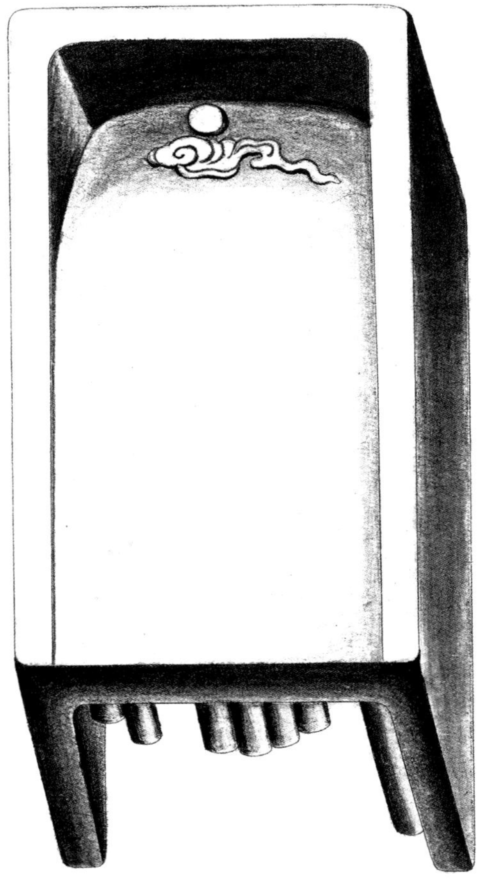

宋蘇軾從星硯背面圖

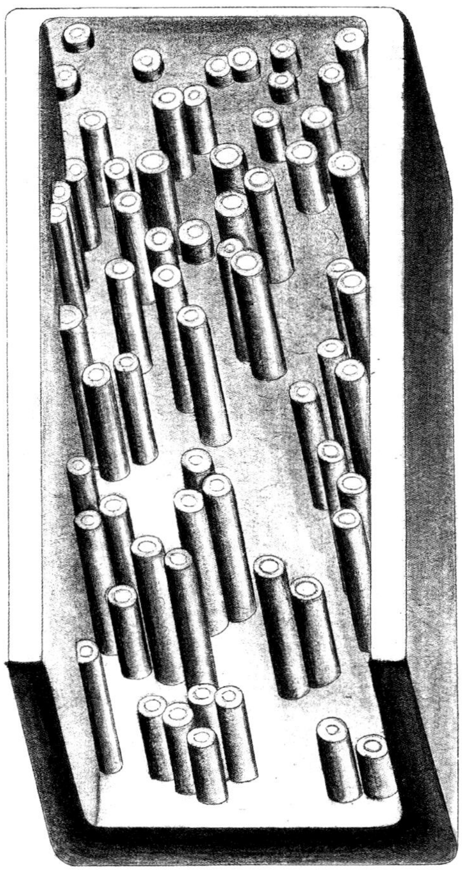

宋蘇軾從星硯硯首及左側各鐫款圖

天池一月印空
宇衆星攢爛火
寧杷比陶泓永
得完依肰北朝
宋真出老坑端
清伴文房暇摛
辭愜染翰
乾隆丁酉新
春御題

月之從星時則風雨汪洋翰墨將
此是似黑雲浮空漫不見天風起
雲移星月凜然
軾

宋蘇軾從星硯説

硯高五寸寬二寸八分厚一寸八分宋端溪梅花坑石色淡白而微黃墨池一眼凸起如月流雲擁之左側鐫宋蘇軾銘三十二字後有軾一字款俱行書下有子瞻二字方印一上方側鐫

御題詩一首隸書鈐寶二曰比德曰朗潤覆手列柱幾七十柱各有眼如散星俱不圓暈而黃稍遜水阬而製作確係宋式匣蓋正面鐫

御題詩與硯同鈐寶二曰幾暇怡情曰得佳趣下方側鐫臣于敏中左側鐫臣梁國治臣沈初臣彭元瑞上方側鐫臣董誥右側鐫臣劉墉臣金士松臣陳孝泳詩各一首俱楷書

宋蘇軾從星硯銘　月之從星時則風雨汪洋翰墨將此是似黑雲浮空漫不見天風起雲移星月凜然

臣于敏中詩　端溪蕉葉淡初舒潤助精良玉不如橫理截雲譜宋製右銘從月辨坡書世循紀甲徵非近柱擬周星數有餘清暇摛毫探理窟還勝把水借方諸

臣梁國治詩　秀韻此天成端然古澤瑩從星知有好對月驗哉生翰墨緣堪結烟雲勢尚縈重題七百載占歲正文明

臣沈初詩　游藝琢山骨涵精出水巖製存北宋古銘辨老坡嵌矗柱看星聚窪池得月銜天章垂炳煥光彩發雕函

臣彭元瑞詩　鍾乳滴為柱浮漚帖作釘梅花嶺外石王
局觀中銘閱歲宣和上旋生甲子零披文闕
睿賞惟壓月從星
臣董誥詩　粤嶠琳腴巧匠鐫元豐元祐未知年妙書每
助三錢筆豪思真宜萬斛泉月湧猶疑池過雨星環欲作
柱承天
宸題藻翰輝珠斗
心鏡高深仰印川
臣劉墉詩　軾銘留宋製積潤想溪潛燦若霄聯曜炯如
雲抱蟾足徵羣拱義可應屢豐占
摛翰春生早膏流品彙霑
臣金士松詩　古硯星文煥涵空月影高池蒸雲起潤匣
貯翠流膏貫石晴含鴿承天柱列鼇
詞源蘇海接
拂拭慶斯遭

臣陳孝泳詩　鸜鵒眼凝水羚羊峽破山星光頗若晰墨

彩黝然斑銘結軾詵友琢羅顏楮間惟宜

天藻滌列宿筆端環

宋蘇軾龍珠硯正面圖

宋蘇軾龍珠硯背面圖

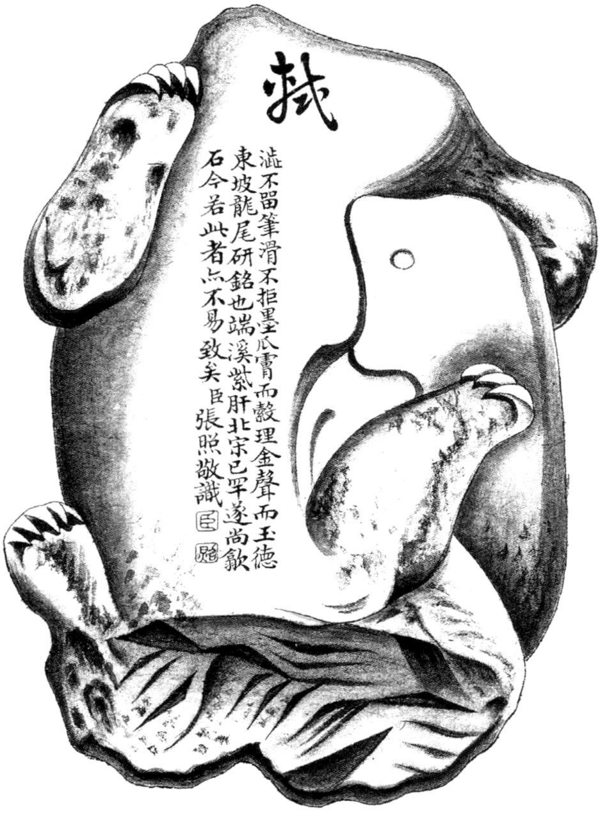

宋蘇軾龍珠硯硯首側面圖

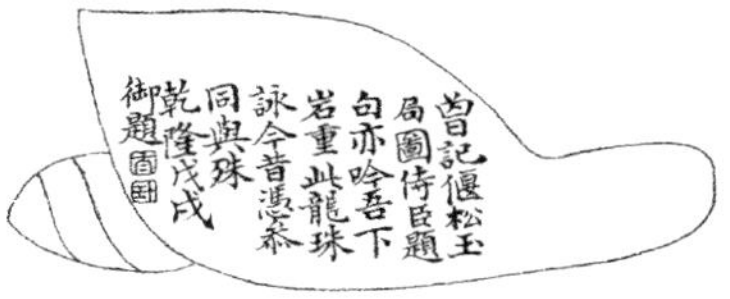

宋蘇軾龍珠硯說

硯高四寸七分上寬三寸五分下寬三寸許厚約一寸許宋坑端石為之隨石質天然屈曲琢為驪龍抱珠形龍首雙角矗起左頤覆珠珠上方稍窪從左繞右為墨池下為受墨處龍右前爪抱珠左後爪上屈尾水倒卷如旋渦鱗甲生動龍頷側鐫

御題詩一首楷書鈐寶二曰太璞匣蓋內並鐫是詩鈐寶一曰幾暇怡情硯背為龍腹右前爪及左後爪皆上屈上方鐫軾字款一行書左方鐫張照識語四十六字末署臣張照

敬識五字款並楷書下有臣照二字小方印各一右方窪處有水泡一下方剥缺硯面龍尾及硯背龍右爪下剥處俱有青綠砂斑考宋硯初尚端溪色若紫肝者後亦艱得乃尚歙溪龍尾東坡嘗為銘歎賞之是硯雖非五代以前舊坑石而細膩滋潤絶勝宋元以後人儲藏佳硯當係宋時下巖新石且經東坡署名寶用尤為藝林增重宜元吳鎮復以舊澄泥倣為之也今二硯並登
天府兩美必合洵非偶然矣

臣張照識語　澁不留筆滑不拒墨爪膚而縠理金聲而玉德東坡龍尾硯銘也端溪紫肝北宋已罕遂尚歙石今若此者亦不易致矣

宋晁補之玉堂硯正面圖 繪圖十分之八

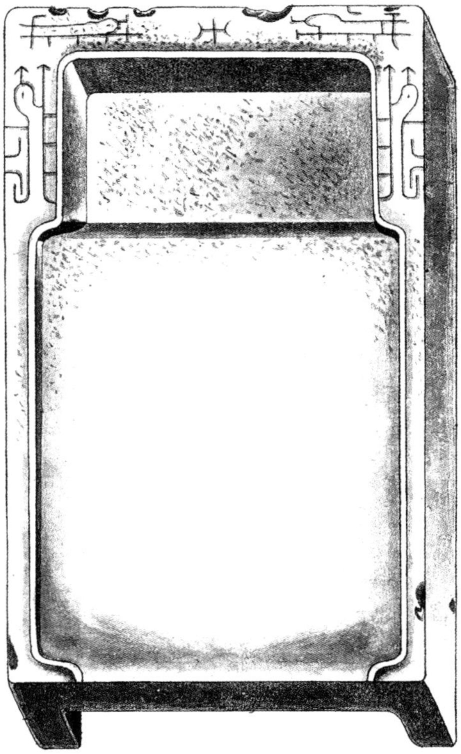

宋晁補之玉堂硯背面圖

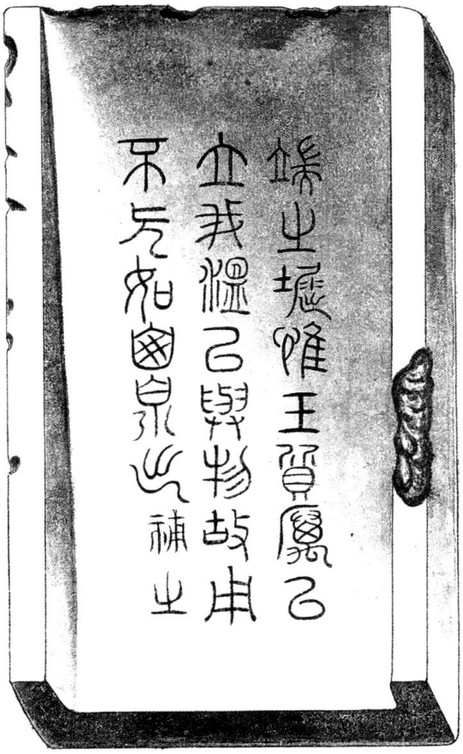

宋晁補之玉堂硯上方側面圖

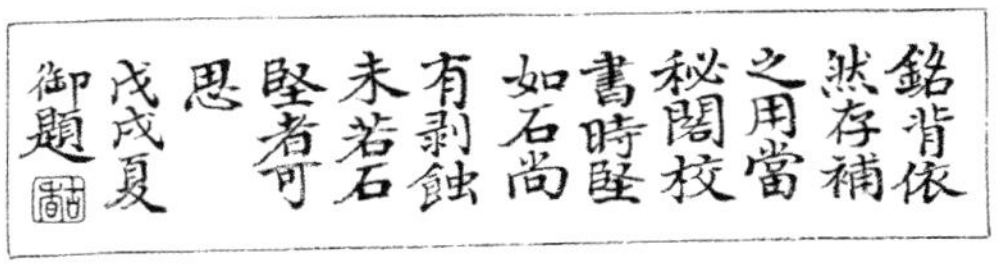
銘背依
然存補
之用當
秘閣校
書時堅
如石尚
有剥蝕
未若石
堅者可
思
戊戌夏
御題

宋晁補之玉堂硯說

硯高五寸一分寬三寸一分厚七分宋老坑端石色黝而質堅通體俱有剥蝕墨池寬平較受墨處微狹旁及上方刻四螭內向覆手兩旁自上削下為兩跗離几四分許中鐫銘二十二字下有補之二字款俱篆書上方側鐫

御題詩一首楷書鈐寶一曰古香匣蓋並鐫是詩隸書鈐寶一曰幾暇怡情案宋晁補之字无咎舉進士元祐初召試館閣授秘書郎以秘閣校理出通判揚州兼善書畫是硯蓋

其所染翰者

宋晁補之銘　端之堀惟玉質屬以立我温以與物故用

不既如自泉出

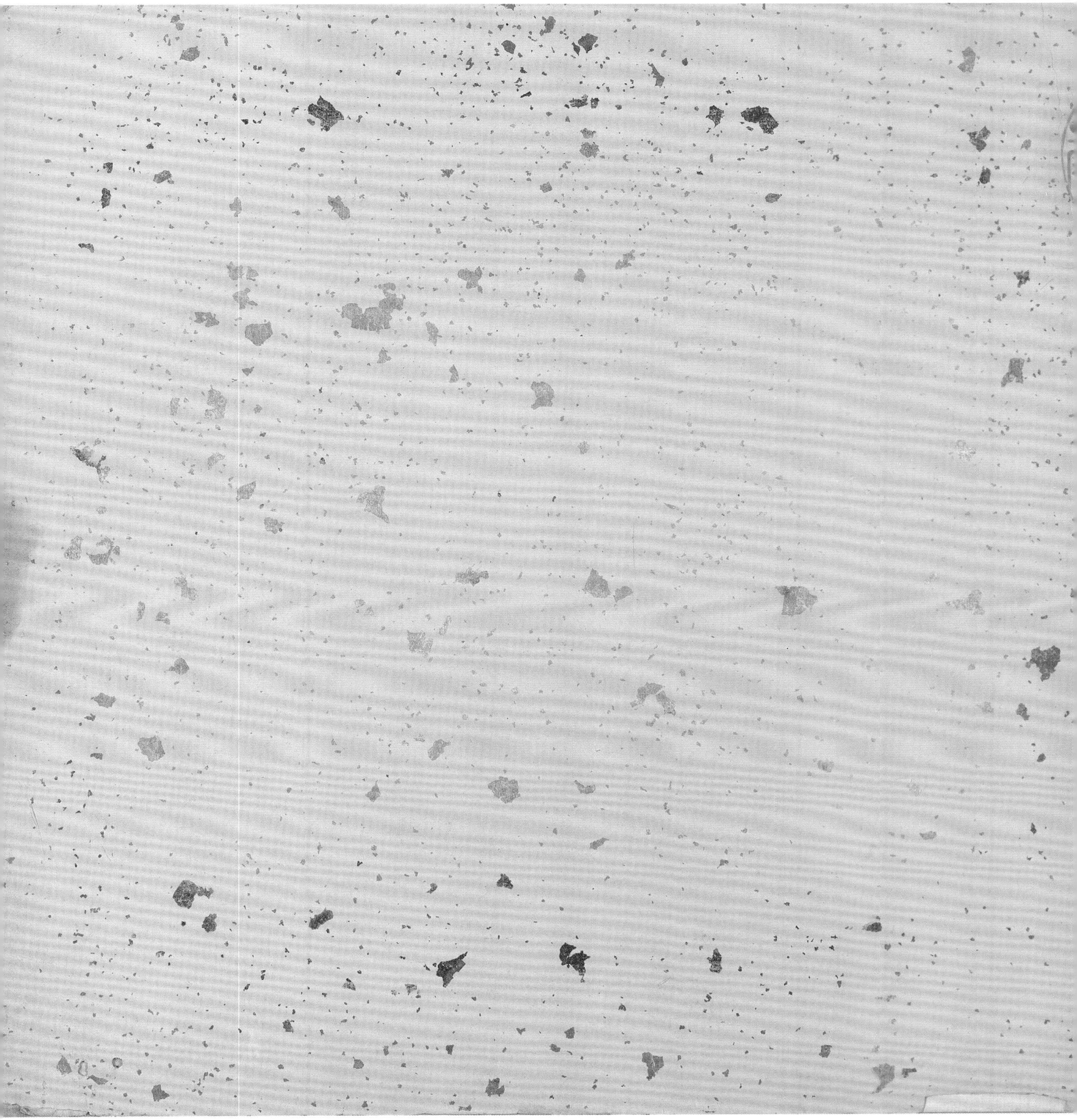

五福五代堂古稀天子寶
八徵耄念之寶

太上皇帝之寶

宋米芾遠岫奇峰硯正面圖

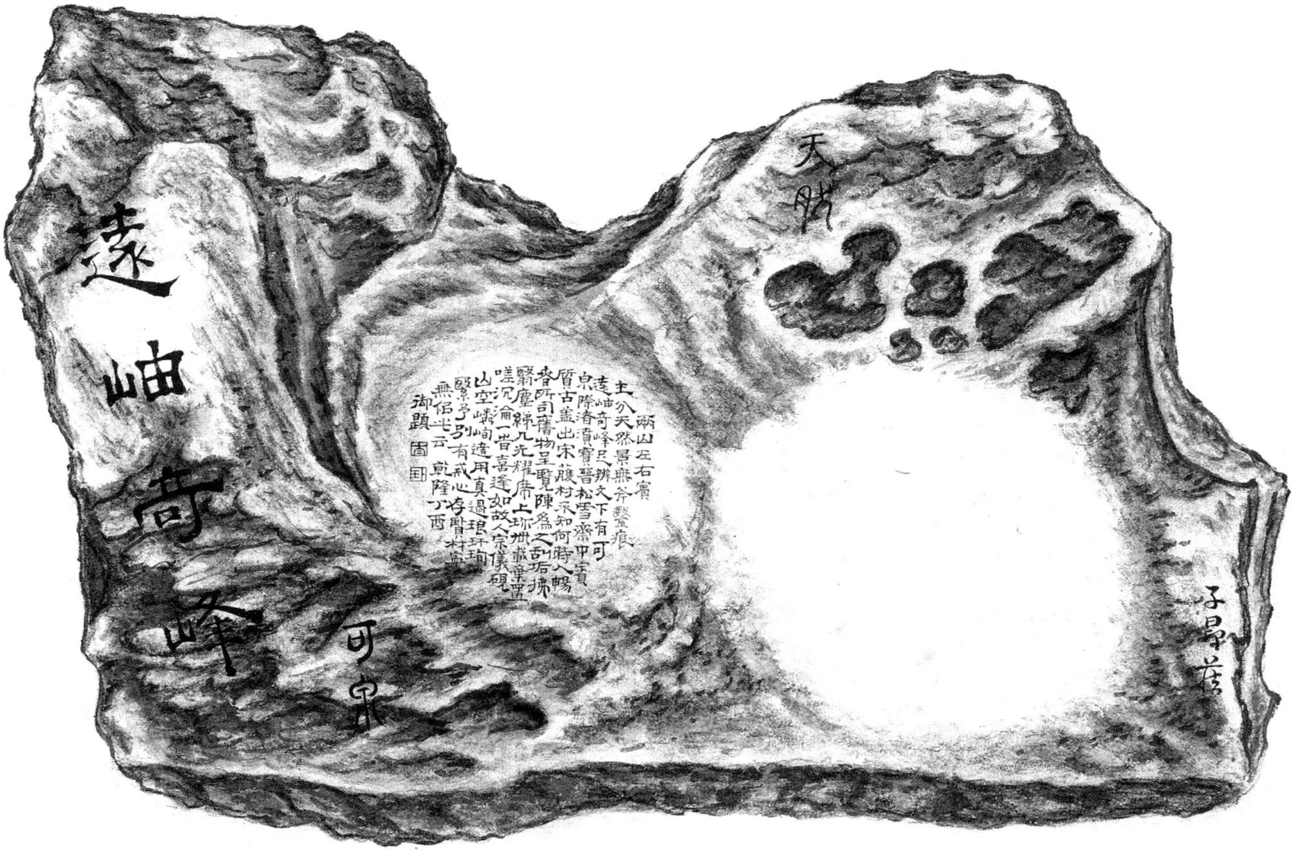

宋米芾遠岫奇峰硯背面圖

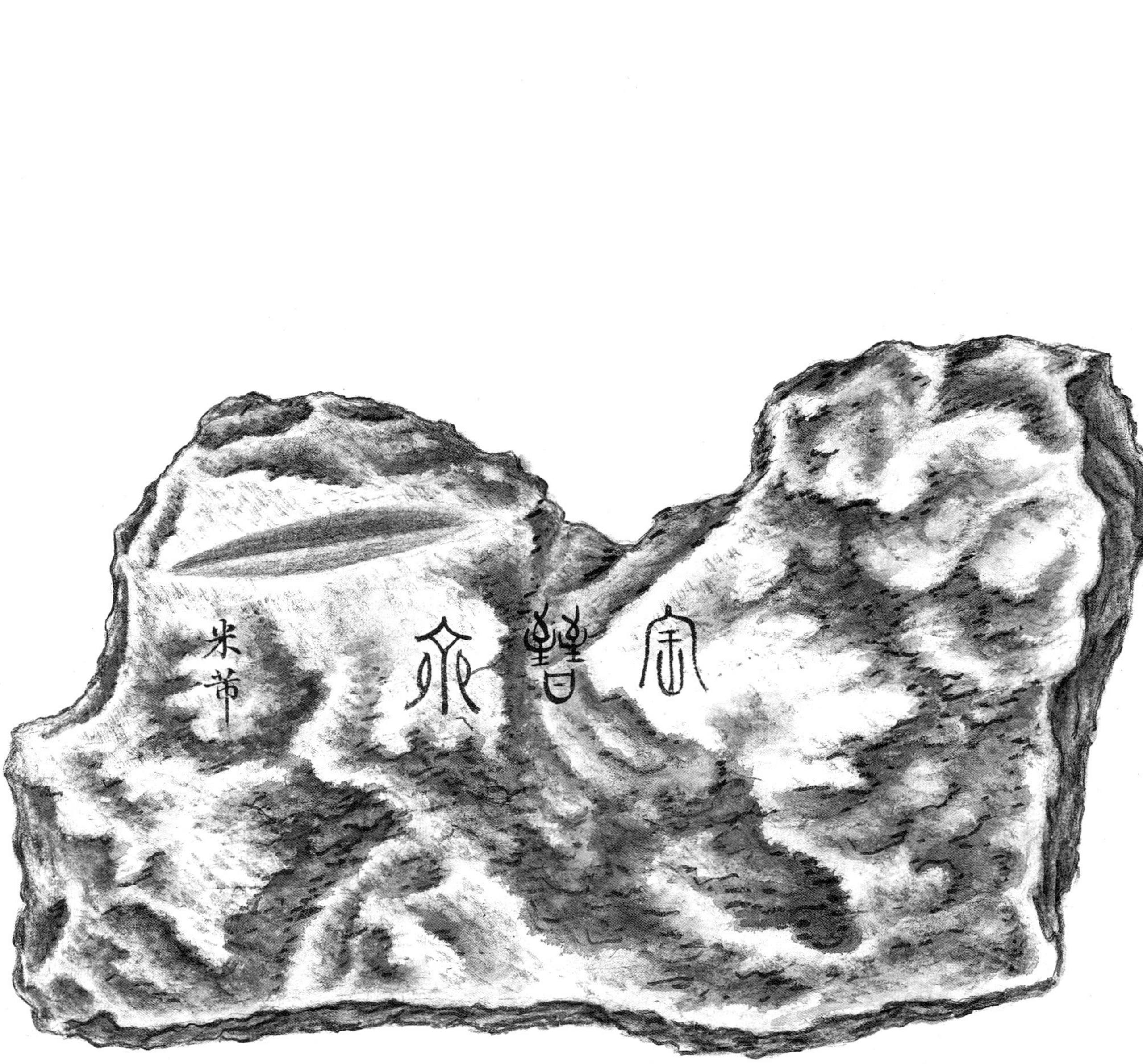

宋米芾遠岫奇峰硯左峰上方側面圖

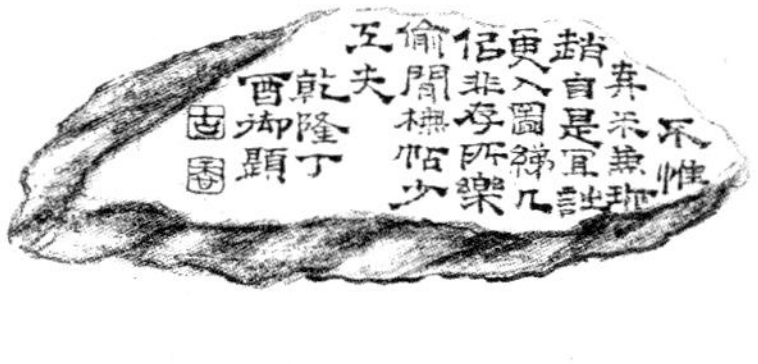

左峰左側面圖

宋米芾遠岫奇峰硯說

硯高五寸寬七寸厚一寸二分宋坑韈村石色黄而黝質理堅緻天然兩峯賓主拱揖而左峰特聳秀右峯下平微凹為受墨處峰腰大小岩竇五為硯池有洩雲泱雨之勢峯頂鐫篆書天然二字左峰峭壁上刻遠岫奇峰隸書四字峰右坡陀刻行草子昂藏三字峰脚直插水穴穴上有篆書可泉二字兩峰間平處鐫

御題詩一首鈐寶二曰太璞左峰上方側面鐫

御題詩一首鈐寶二曰古香左峰左側面鐫
御題詩一首鈐寶二曰太璞並隸書硯背天然皴皺有黃鶴山
樵筆意橫鐫寶晉齋三字篆書左鐫米芾二字行書蓋是
硯為米芾所製又為趙孟頫寶藏流傳六百餘年復邀
睿賞希世之珍洵有神物呵護之不為風雨所剝蝕耳硯匣蓋
裏鐫
御題詩一首鈐寶二曰幾暇怡情曰得佳趣蓋面左鐫
御題詩一首鈐寶二曰乾隆右鐫
御題詩一首鈐寶一曰太璞俱隸書

宋米芾蘭亭硯正面圖 繪圖十分之七

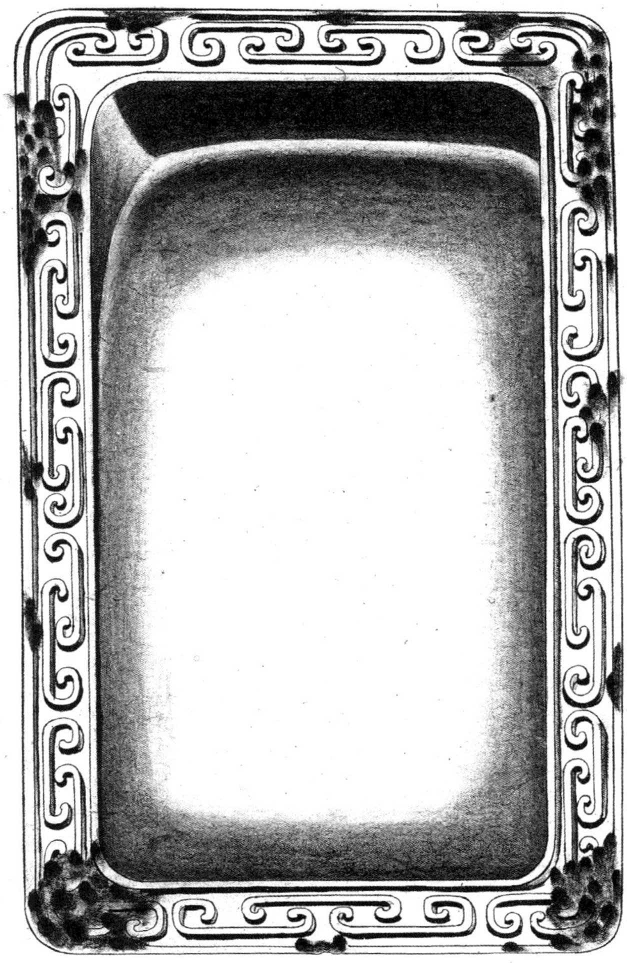

宋米芾蘭亭硯背面圖

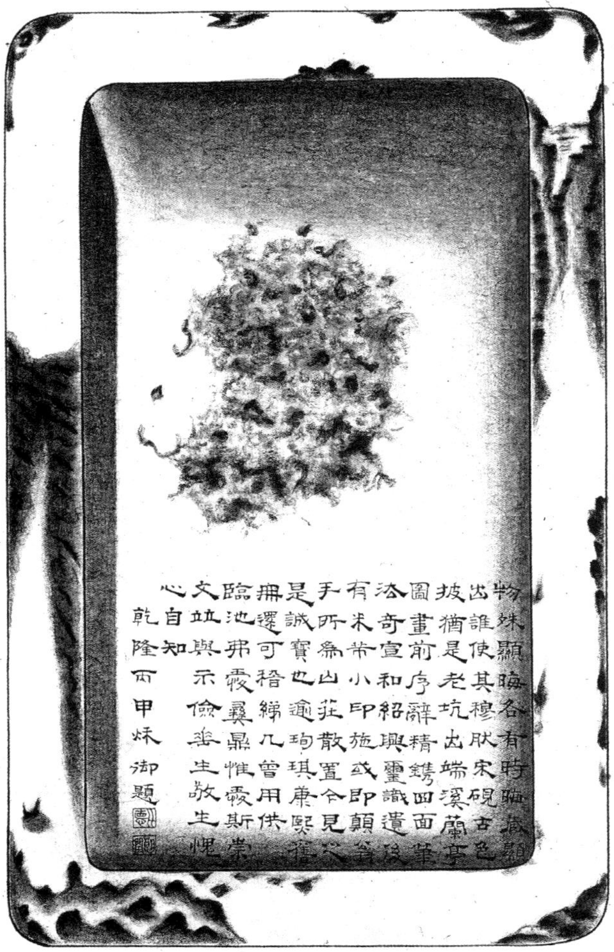

宋米芾蘭亭硯左方側面圖

宋米芾蘭亭硯上方側面圖

宋米芾蘭亭硯右方側面圖

永和九年歲在癸丑暮春之初會
于會稽山陰之蘭亭脩禊事
也羣賢畢至少長咸集此地
有崇山峻領茂林脩竹又有清
流激湍暎帶左右引以為流觴
曲水列坐其次雖無絲竹管弦
之盛一觴一詠亦足以暢叙幽情
是日也天朗氣清惠風和暢仰
觀宇宙之大俯察品類之盛
所以遊目騁懷足以極視聽之
娛信可樂也夫人之相與俯仰
一世或取諸懷抱悟言一室之內
或因寄所託放浪形骸之外雖
趣舍萬殊靜躁不同當其欣
於所遇暫得於己快然自足不
知老之將至及其所之既惓情
隨事遷感慨係之矣向之所
欣俛仰之閒以為陳迹猶不能
不以之興懷況脩短隨化終
期於盡古人云死生亦大矣豈
不痛哉每攬昔人興感之由
若合一契未嘗不臨文嗟悼不
能喻之於懷固知一死生為虛
誕齊彭殤為妄作後之視今

宋米芾蘭亭硯下方側面圖

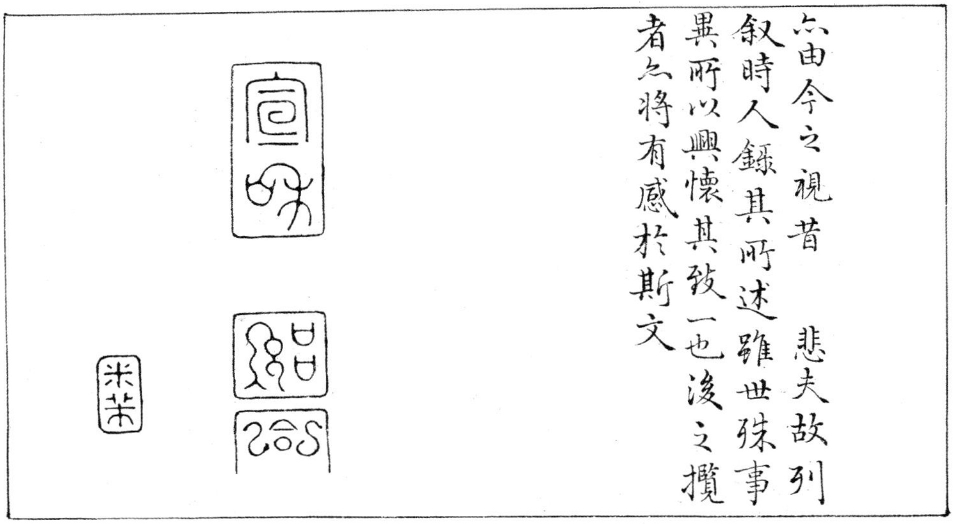
亦由今之視昔　悲夫故列
敘時人錄其所述雖世殊事
異所以興懷其致一也後之攬
者亦將有感於斯文
米芾

宋米芾蘭亭硯說

硯高八寸寬五寸四分厚三寸一分宋老坑端石墨池深
九分墨鏽深透硯面四圍刻卧蠶紋左側連上方側面刻
蘭亭脩禊圖右側連下方側面通鐫米芾臨蘭亭序引首
有雙龍圓璽一後有宣和二字長方璽一紹興二字連方
璽二末有米芾二字長印一硯背四圍俱有缺剥覆手深
一寸二分上方亦有剥蝕痕下方鐫
御題詩一首隸書鈐寶二曰比德曰朗潤是硯石質既美周刻
布景行筆俱極古穆所鐫縮本禊序亦圓勁有骨疑即芾
所自製且經宣和紹興兩朝鑒賞真文房瑰寶也
本朝
聖祖仁皇帝時硯貯熱河
避暑山莊
幾暇臨池曾供
御用我

皇上法
祖繩
武游藝入神
家法敬承起唐軼晉即一硯而崇文示儉之旨三致意焉臣等捧
觀敬誦不特為斯石慶遭逢矣硯匣鐫
御題詩與硯同鈐寶二曰會心不遠曰德充符側面週鐫臣于
敏中臣梁國治臣周煌臣嵩貴臣劉墉臣申甫詩各一首
是歲諸臣俱扈從熱河奉
敕恭賦
臣于敏中詩　端溪舊劚紫腴鮮陶淬流傳七百年
寶露研曾沾
手澤墨雲淵足助言泉蘭亭左右圖兼序芝篆方圓紹次宣海嶽
至今陳迹顯
山莊銘就佐
文莚

臣蔣國治詩　盈尺端溪潤千春古墨香生雲向袖不拭

翰想流觴款自宣和舊名因寶晉藏至今涵

聖澤潛璞又

重光

臣周煌詩　古研留

琭館斯文勒永和崇山真並壽曲水向生波

聖有臨池賞亭猶

灑翰過

睿情懷

手澤題識更如何

臣嵩貴詩　紫英寶氣不教淪拂拭

天題與勒珉已沐

雲莊

仙藻潤更承

文露墨池新流觴畧倣山陰勝拜石曾傳海嶽琭片玉祗應歸

辟府虹光什襲護龍賔

臣劉墉詩　拂拭瓊瑶潤追尋翰墨腴事惟脩禊遠蹟似
米顛摹舊
賞山莊秘新題
御藻敷右文昭
儉德橅器仰
鴻模

臣申甫詩　石蘊三巖秀鐫題趙宋年遥傳右軍蹟曾載
米家船拂拭形彌古研磨性本堅
山莊留法物
珍賞紀瑶編

宋米芾蠶斯瓜瓞硯正面圖 繪圖十分之八

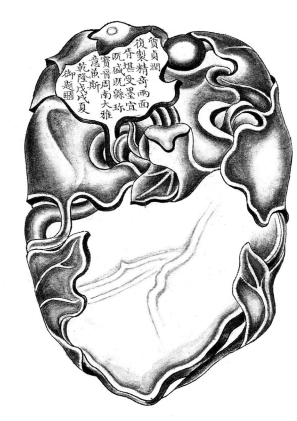

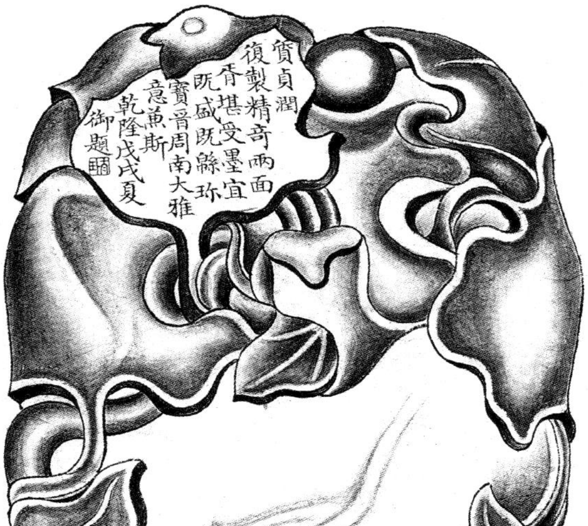

宋米芾蠶斯瓜瓞硯背面圖

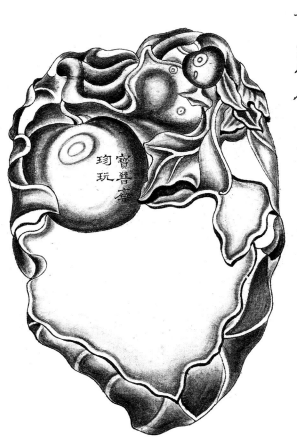

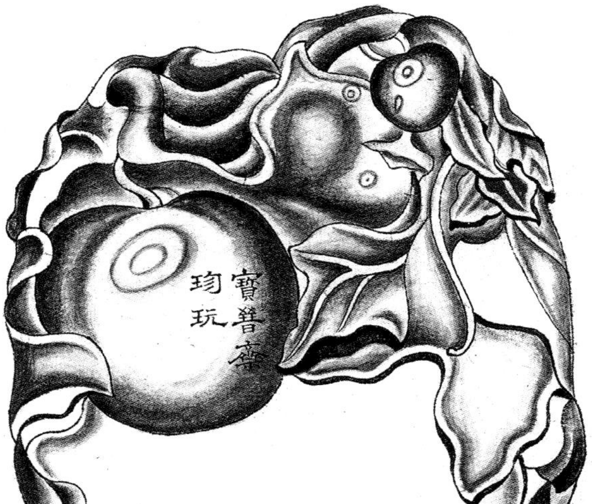

宋米芾螽斯瓜瓞硯説

硯高六寸許上寬三寸九分下微斂厚約八分許下岩端石質細而潤兩面刻作瓜葉藤蔓縈繞葉間平坦為受墨處中有火捺紋隱隱如葉縷上方有活眼二葉下隱螽斯一趯趯生動左上方葉間稍平處鐫

御題詩一首楷書鈐寳一曰太璞硯背綴瓜大小凡三瓜及旁大小眼凡四葉下方平坦處亦可受墨左方大瓜上鐫寳晉齋珎玩五字隸書是硯制作精巧曾經宋賢染翰洵是

珍賞匣蓋鐫

御題詩與硯同隸書鈐寳二曰幾暇怡情曰得佳趣

宋中岳外史端石硯正面圖 繪圖十分之九

宋中岳外史端石硯背面圖

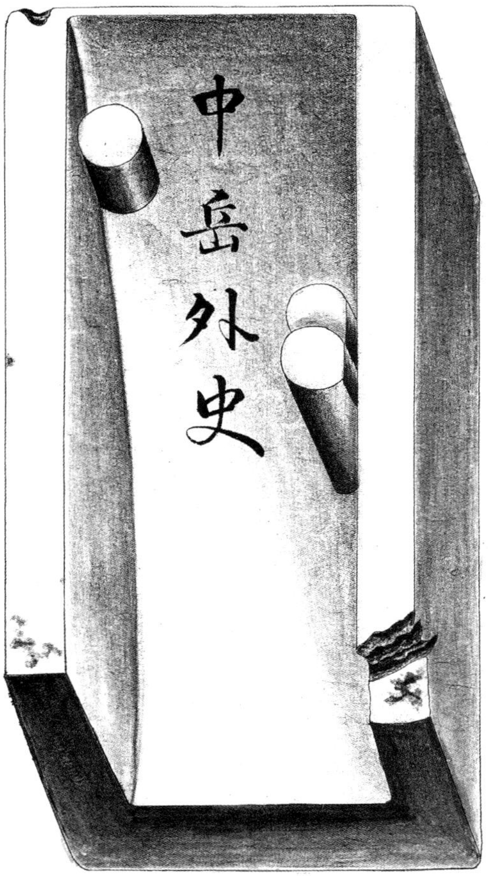

宋中岳外史端石硯上方側面圖

拜命曾吟中岳詩或因外史自稱之臨池欲試還應恧那侶顛翁用筆奇
乾隆御題
會心 不遠

宋中岳外史端石硯說

硯高四寸五分寬二寸七分厚一寸六分宋坑上巖石褐色間以黃斑如雀腦古色斑駁上方側鐫

御題詩一首鈐寶一曰會心不遠匣蓋並鐫是詩俱隸書鈐寶二曰幾暇怡情曰得佳趣左跗刓缺覆手刻三柱無眼中鐫中岳外史四字行書考宋史米芾嘗知雍邱縣雍邱今杞縣

內府所藏三希堂法帖中載有芾拜中岳命作詩帖明王肯

堂所刻欝岡齋法帖載芾天馬賦末署款曰中岳外史米
元章致爽軒書蓋芾自號也

宋薛紹彭蘭亭硯正面圖 繪圖十分之五

宋薛紹彭蘭亭硯背面圖

宋薛紹彭蘭亭硯側面圖

宋薛紹彭蘭亭硯銘款圖

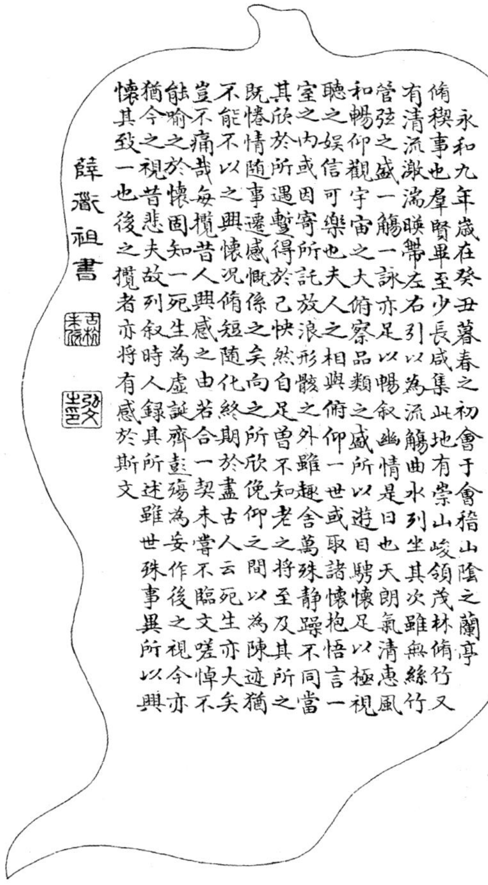
永和九年歲在癸丑暮春之初會于會稽山陰之蘭亭
脩禊事也羣賢畢至少長咸集此地有崇山峻領茂林脩竹又
有清流激湍映帶左右引以為流觴曲水列坐其次雖無絲竹
管弦之盛一觴一詠亦足以暢叙幽情是日也天朗氣清惠風
和暢仰觀宇宙之大俯察品類之盛所以遊目騁懷足以極視
聽之娱信可樂也夫人之相與俯仰一世或取諸懷抱悟言一
室之内或因寄所託放浪形骸之外雖趣舍萬殊静躁不同當
其欣於所遇蹔得於己快然自足曾不知老之将至及其所之
既惓情随事遷感慨係之矣向之所欣俛仰之間以為陳迹猶
不能不以之興懷況脩短随化終期於盡古人云死生亦大矣
豈不痛哉每攬昔人興感之由若合一契未嘗不臨文嗟悼不
能喻之於懷固知一死生為虚誕齊彭殤為妄作後之視今亦
猶今之視昔悲夫故列叙時人録其所述雖世殊事異所以興
懷其致一也後之攬者亦将有感於斯文
薛衟祖書

宋薛紹彭蘭亭硯說

硯高八寸九分寬六寸三分厚二寸七分橢圓式宋端溪綠石為之通體周刻蘭亭禊飲景硯面左上方為亭翼然飛檐重閣下臨池硐為墨池池中有浮鵞二右方為小亭一池上跨橋二下方平處微窪為受墨處雀斑密灑如漱金周圍雲峰草樹掩映生動側面雜刻山水竹樹四十二賢行立坐卧意態閒曠與宋綠端石蘭亭硯同工而彼淺雕深秀此則陽文隱起刻畫圓勁其為宋人舊製無疑覆手深一寸二分許周刻皮紋流雲繞之中為蕉葉式雋王

羲之蘭亭序楷書末有薛道祖書四字款書其下有古
杭朱欣及弘文之印方印二跗周鐫
御題詩一首楷書鈐寶一曰德充符匣蓋並鐫是詩亦楷書鈐寶
二曰會心不遠曰德充符考宋薛紹彭字道祖書法晉唐
絶不作側筆惡態米芾書史云世言米薛或薛米猶言弟
兄與兄弟蓋言與紹彭以書畫情好相同也是硯覆手所
刻楷法古勁蓋即紹彭自書鑒藏者朱欣無考當亦流傳
收藏之家所署

宋楊時金星歙石硯正面圖 繪圖十分之五

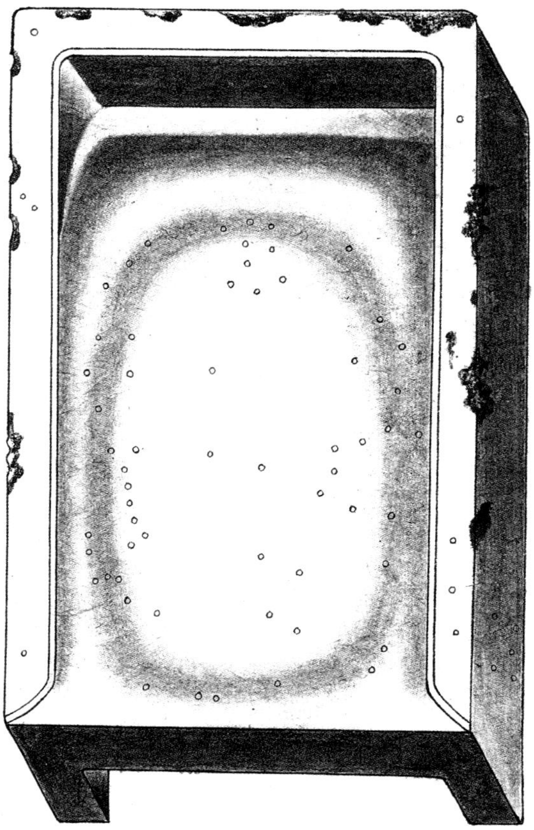

宋楊時金星歙石硯背面圖

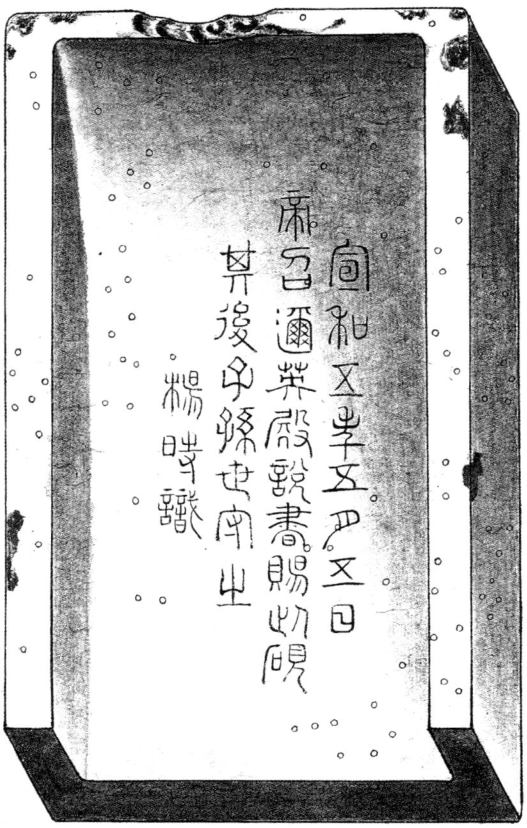

宋楊時金星歙石硯上方側面圖

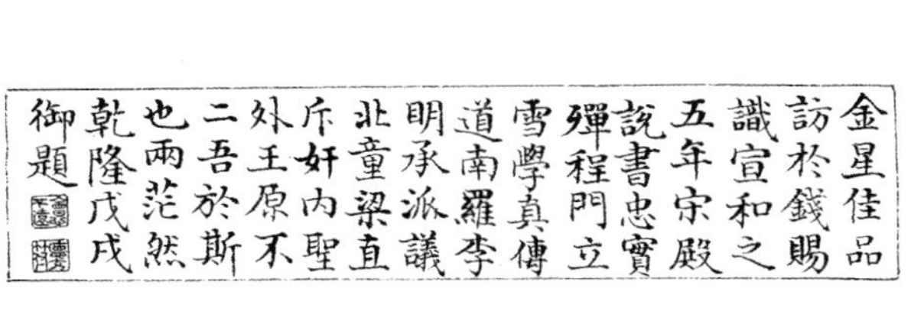
金星佳品
訪於錢賜
識宣和之
五年宋殿
說書忠實
殫程門立
雪學真傳
道南羅李
明承派議
北童梁直
斥奸内聖
外王原不
二吾於斯
也兩茫然
乾隆戊戌
御題

宋楊時金星歙石硯說

硯高八寸八分寬五寸四分厚一寸五分宋坑歙溪石質細而黝遍體金星硯面寬平墨池深廣墨鏽亦濃厚其為宋時舊製無疑覆手自上削下兩趺離几六分許中鐫宣和五年五月五日帝名邇英殿說書賜此硯其後子孫世守之二十五字末有楊時識三字俱篆書上方側鐫御題詩一首楷書鈐寶二曰會心不遠曰德充符匣蓋並鐫是

詩隸書鈐寶二曰乾隆考宋史楊時字中立熙寧九年中
進士第師河南程顥兄弟學者稱為龜山先生宣和初以
薦召為邇英殿說書賜硯當在其時也

宋陸游素心硯正面圖 繪圖十分之六

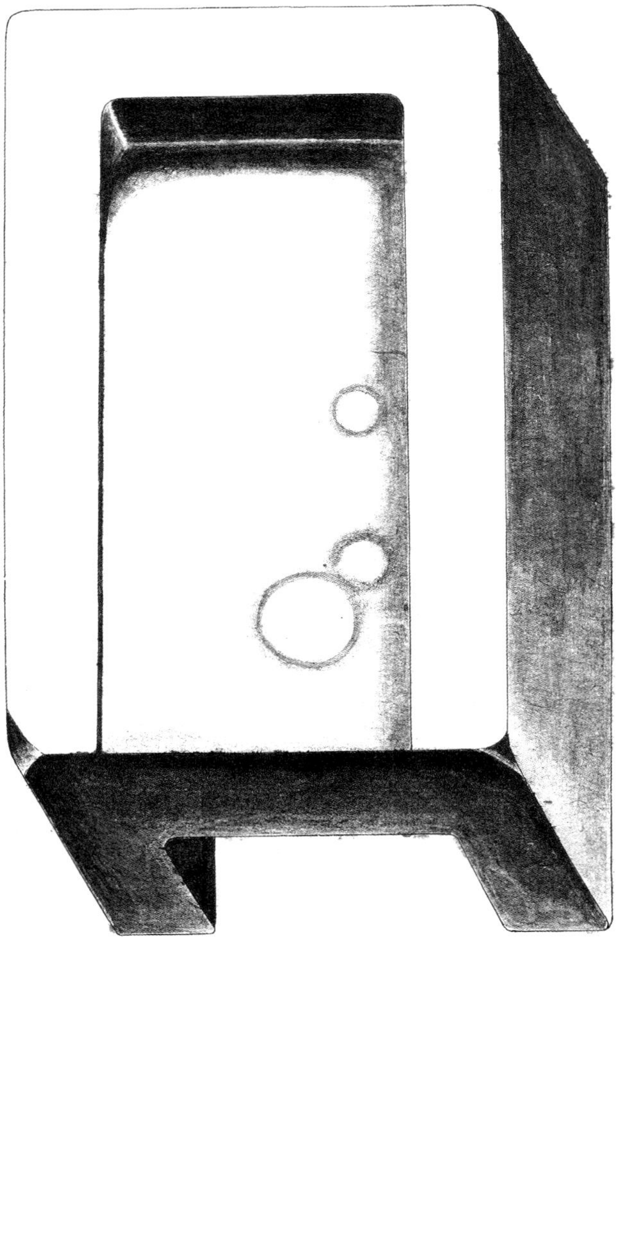

宋陸游素心硯背面圖

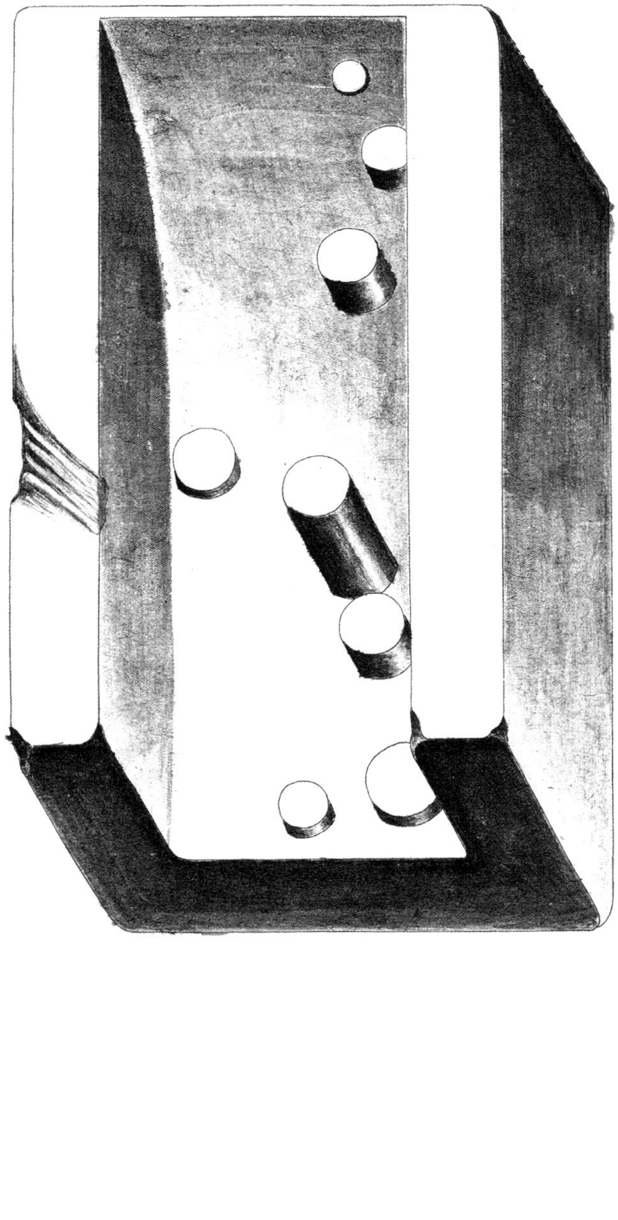

宋陸游素心硯側面圖

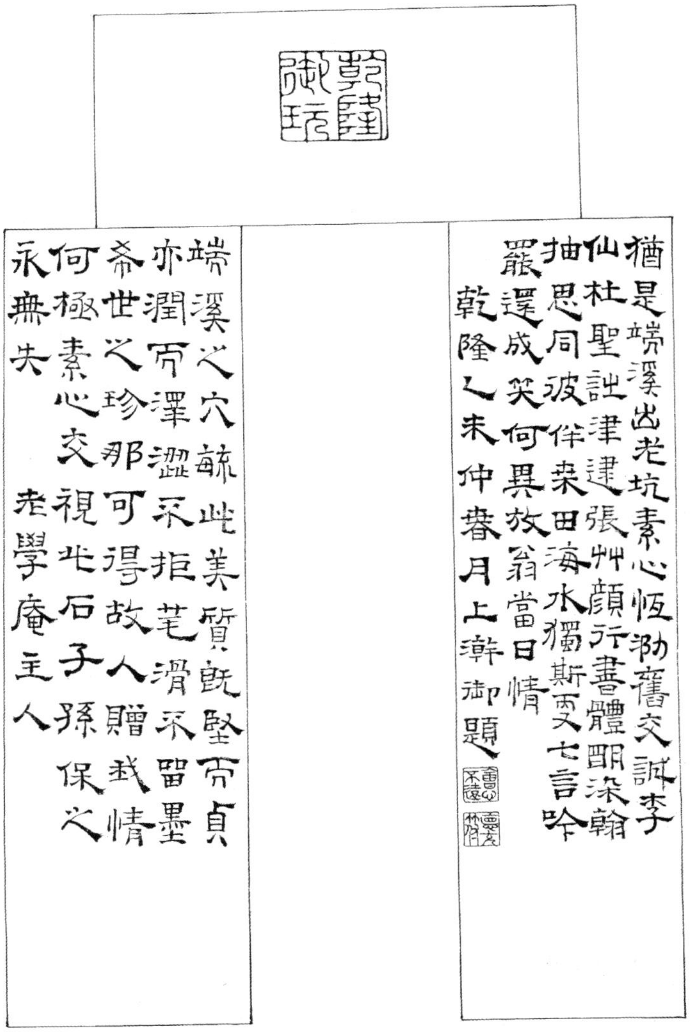

宋陸游素心硯說

硯高七寸六分寬五寸厚二寸二分長方式石質堅緻宋坑紫端石也受墨處正平有碧暈大小三墨池深五分潤三寸左側鐫隸書銘五十一字款署老學菴主人右側鐫

御題詩一首隸書鈐寶二曰會心不遠曰德充符匣蓋並鐫是詩亦隸書鈐寶二曰 乾隆硯側上方鐫寶一曰 乾隆御玩

硯背左旁中缺寸許大小長短凡八柱各有碧暈隱現考
宋陸游著有老學菴筆記主人蓋其自號云
宋陸游銘　端溪之穴洫此美質旣堅而貞亦潤而澤澁
不拒筆滑不留墨希世之珍那可得故人贈我情何極素
心交視此石子孫保之永無失

宋吴儆井田硯正面圖繪圖十分之七

宋吴儆井田硯背面圖

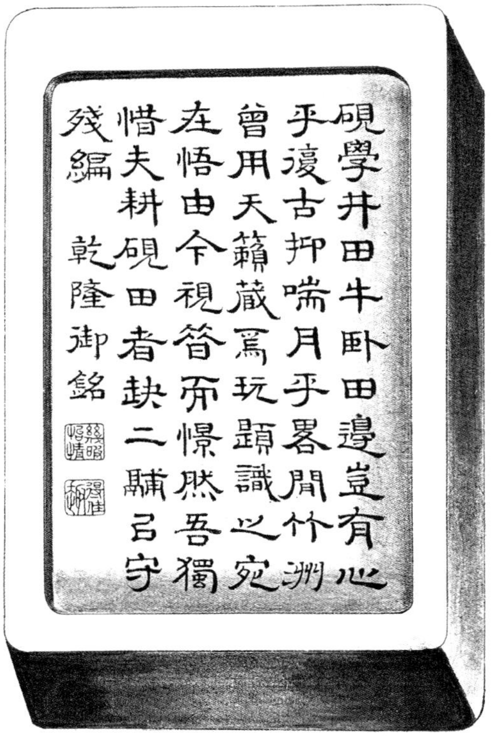

宋吳儆井田硯側面圖

謂石尔銘不石尔畊生兮努力我田是耕 益恭

天籟閣秘玩

宋吳儆井田硯說

硯高五寸九分寬三寸八分厚七分宋端溪石也受墨處寬平斜連墨池四角縱横畫成井字墨池刻卧牛一左側鐫宋吳儆銘十六字下署益恭二字款俱行書右側鐫天籟閣秘玩五字篆書覆手鐫

御題銘一首隸書鈐寶二曰幾暇怡情曰得佳趣匣蓋並鐫是銘亦隸書鈐寶同考四朝詩姓名爵里考稱宋吳儆字益恭登紹興二十七年進士第歷官朝散郎知泰州卒謚文

肅著有竹洲集是硯所署益恭當即其人而流傳入明項
子京天籟閣中者
宋吴儆銘　謂石爾銘不石爾畊牛兮努力我田是服

宋文天祥玉帶生硯正面圖

宋文天祥玉帶生硯背面圖

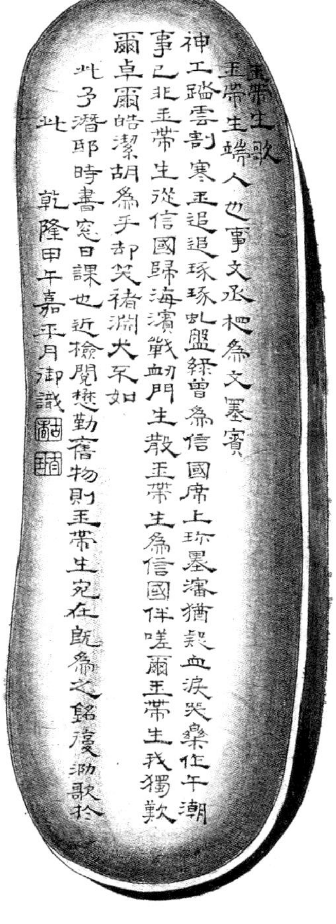

宋文天祥玉帶生硯側面銘款圖

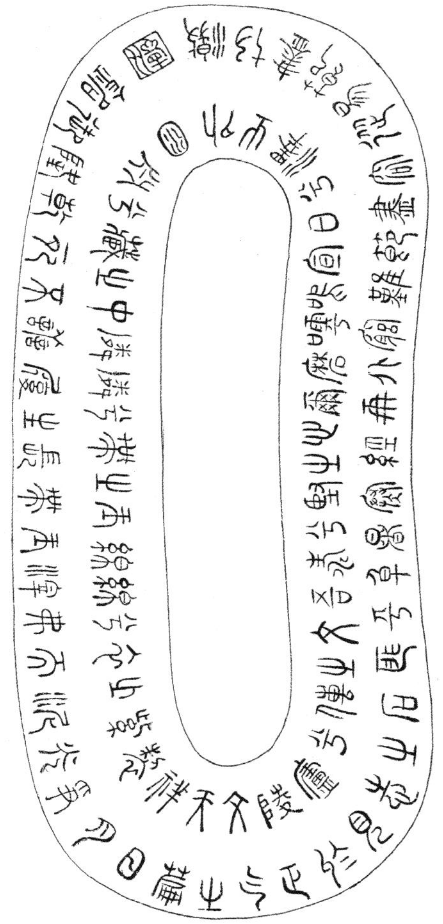

宋文天祥玉帶生硯說

硯高五寸許寬一寸七分厚如之形長而圓舊端溪子石也下硯面三分許周界石脉一道瑩白如帶墨池上高寸許鐫玉帶生三字篆書側面石脉下周鐫宋文天祥銘三十八字末署廬陵文天祥製六字款俱篆書下鐫

御題銘一首篆書鈐寶一曰比德硯背鐫

上青宮時作玉帶生歌一首並

御題識語俱隸書鈐寶二曰古香曰太璞匣蓋面鐫玉帶生三

字隸書側鐫

御題銘及歌並與硯同俱隸書一鈐乾卦寶一鈐寶曰比徳惟

銘後有識語四十四字歌後識語不書匣底内鐫

御題識語六十四字隸書鈐寶二曰比徳曰朗潤

宋文天祥銘　紫之衣兮綿綿玉之帶兮鄰鄰中之藏兮

淵淵外之澤兮日宣嗚呼磨爾心之堅兮壽吾文之傳兮

宋鄭思肖端石硯正面圖 繪圖十分之九

宋鄭思肖端石硯背面圖

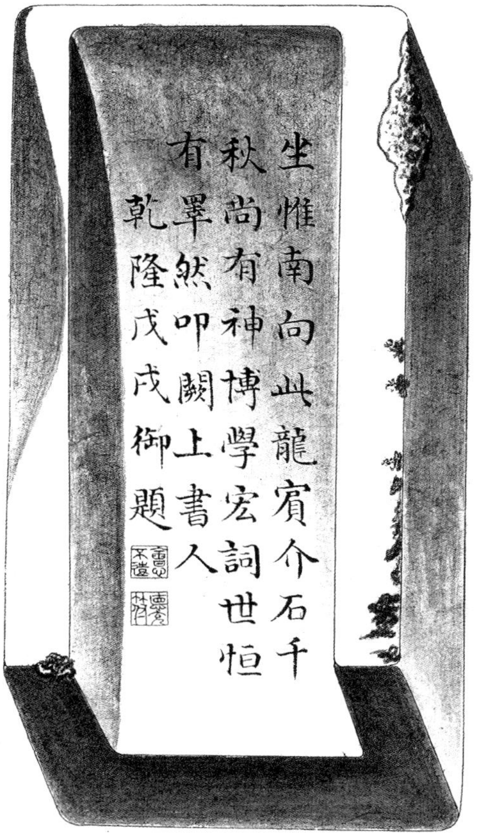
生惟南向此龍賓介石千
秋尚有神博學宏詞世恒
有畢然叩闕上書人
乾隆戊戌御題

宋鄭思肖端石硯左方側面圖

宋鄭思肖端石硯說

硯高四寸五分寬二寸七分厚一寸二分宋老坑端石也硯面平直墨池作一字式墨光可鑑上方微泐通體俱有剝落痕左側鐫所南文房四字隸書下有鄭思肖印四字方印一右跗天然微側左跗亦有刓缺覆手內鐫

御題詩一首楷書鈐寶二曰會心不遠曰德充符考趙昱南宋雜事詩引遺民錄稱宋鄭思肖號所南福州人為太學上舍應宏詞科元兵南下扣閽上疏辭切直忤當路不報宋亡後坐卧不北向精墨蘭自更祚為蘭不著土是硯當是其所嘗用也亟盖鐫

御題詩與硯同隸書鈐寶二亦同

五福五代堂古稀天子寶
八徵耄念之寶

太上皇帝之寶
八徵耄念之寶

南宋蘭亭硯正面圖

繪圖十分之六

南宋蘭亭硯背面圖

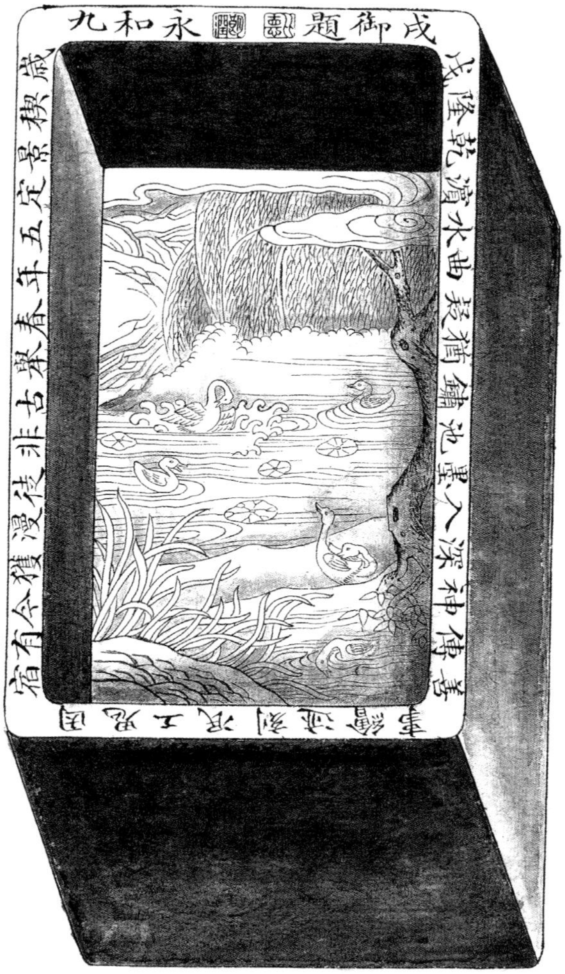

南宋蘭亭硯側面圖

南宋蘭亭硯説

硯高七寸二分寬四寸五分厚二寸七分宋坑綠端石質極潤緻面及側面四周通刻蘭亭脩禊景硯面上方刻蘭亭旁列樹石稍下曲水為墨池繞出硯左下方中正平為受墨處右旁鐫景定五年春五字款楷書墨鏽濃厚側面人物樓閣樹石布置工細如生四角微有剥蝕古意穆然覆手深一寸一分許中刻柳碕蘆岸新荷田田荇藻交横浴鵞浮動尤極有生趣跗鐫

御題詩一首楷書鈐寶二曰比德曰朗潤匣蓋並鐫是詩亦楷書鈐寶曰乾隆宸翰謹案景定為宋理宗紀年是硯石質製作與宋蘭亭硯相仿均係宋製中之絶佳者惟所列人物不足四十二賢之數較彼若稍疎云

宋垂乳硯正面圖

繪圖十分之六

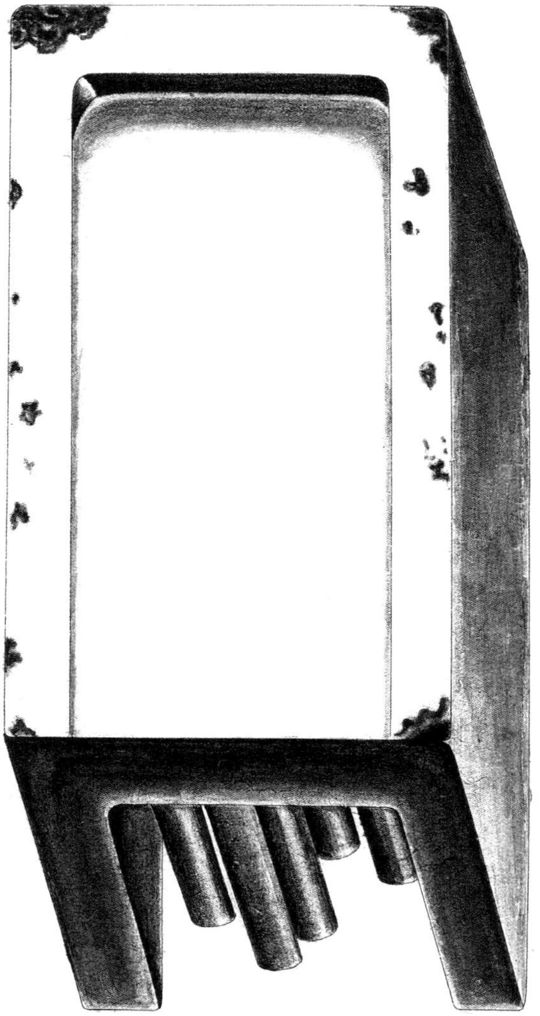

宋垂乳硯背面圖

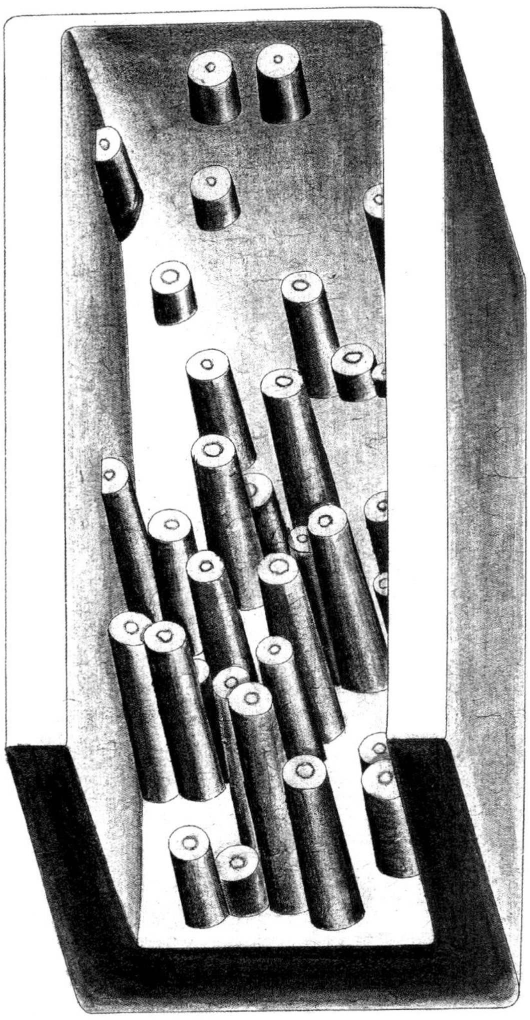

宋垂乳硯側面圖

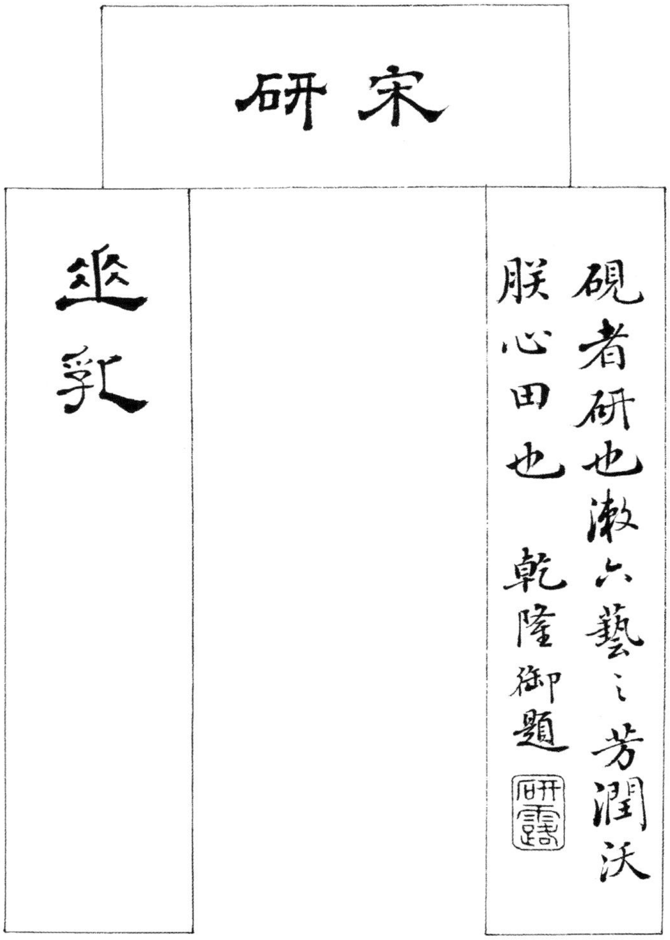
宋研
垂乳
硯者研也漱六藝之芳潤沃
朕心田也
乾隆御題
研露

宋垂乳硯説

硯高七寸二分寬四寸三分厚二寸七分宋端谿水巖石也面寬平墨池深三分上方側鐫宋研二字隸書左側鐫

御題銘一首行書鈐寶一曰研露右側鐫垂乳二字隸書硯背三十二柱柱各有鸜鵒眼一高下參差懸如鐘乳雖款識弗彰而膚理油然古香可挹元明以來無此佳製也匣盖

鐫

御題銘與硯同行書鈐寶二曰乾隆亜底内鐫垂乳二字隸書

鈐寶一曰乾隆御玩外鐫標識曰丁楷書

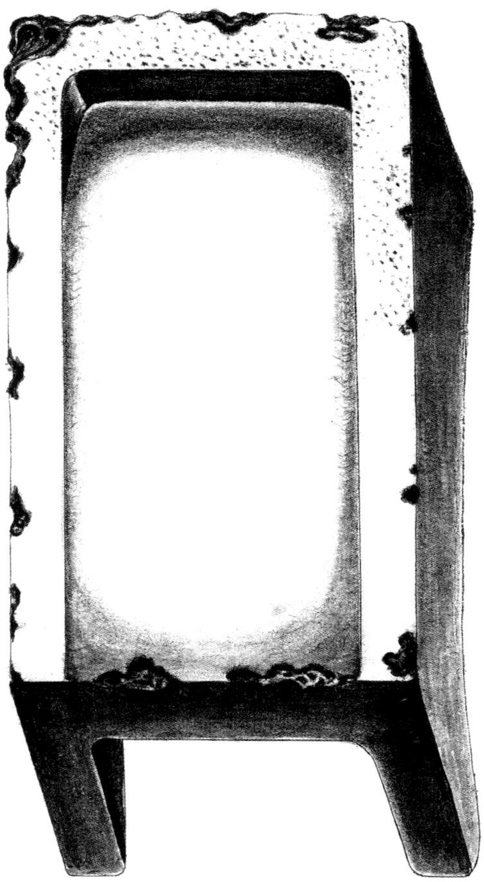

宋黝玉硯正面圖 繪圖十分之七

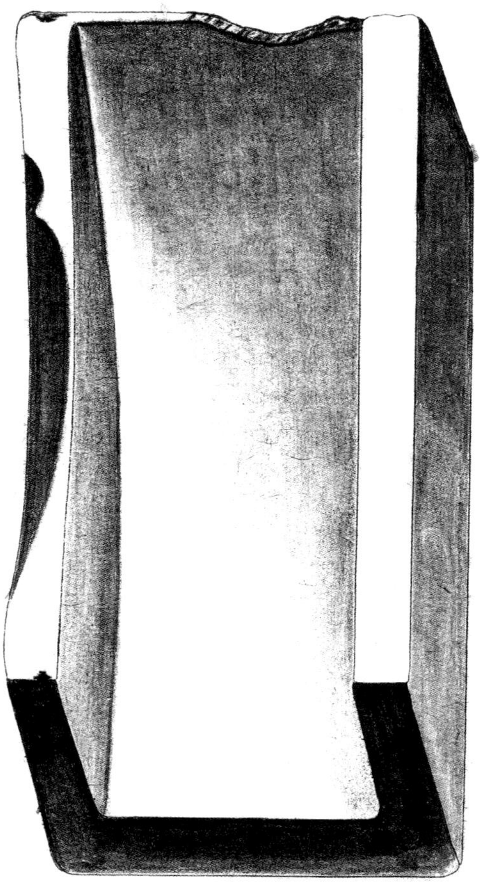

宋黝玉硯背面圖

宋黟玉硯側面圖

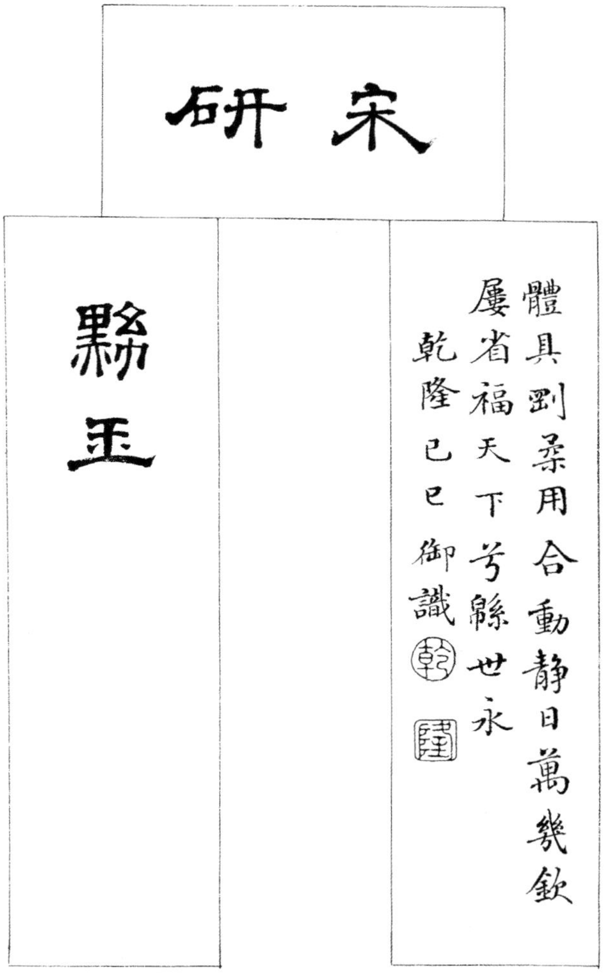

宋黟玉硯說

硯高五寸八分寬三寸五分厚一寸九分宋老坑端石石色靜穆製作純素受墨深透數百年前物也通體俱略有皴剝受墨處微凹墨池深二分上方側鐫宋研二字隸書左側鐫

御題銘一首楷書鈐寶二曰乾隆右側鐫黟玉二字隸書趺著几處缺二分許若經磨礲者硯背覆手亦畧有剝蝕而古

香瑩澤比徳温粹誠無溢詞匣盖鐫
御題銘與硯同楷書鈐寶二曰幾暇怡情曰乾隆宸翰匣底内
鐫黝玉二字隸書鈐寶一曰乾隆御玩外鐫標識曰戊楷
書

宋紫雲硯正面圖 繪圖十分之八

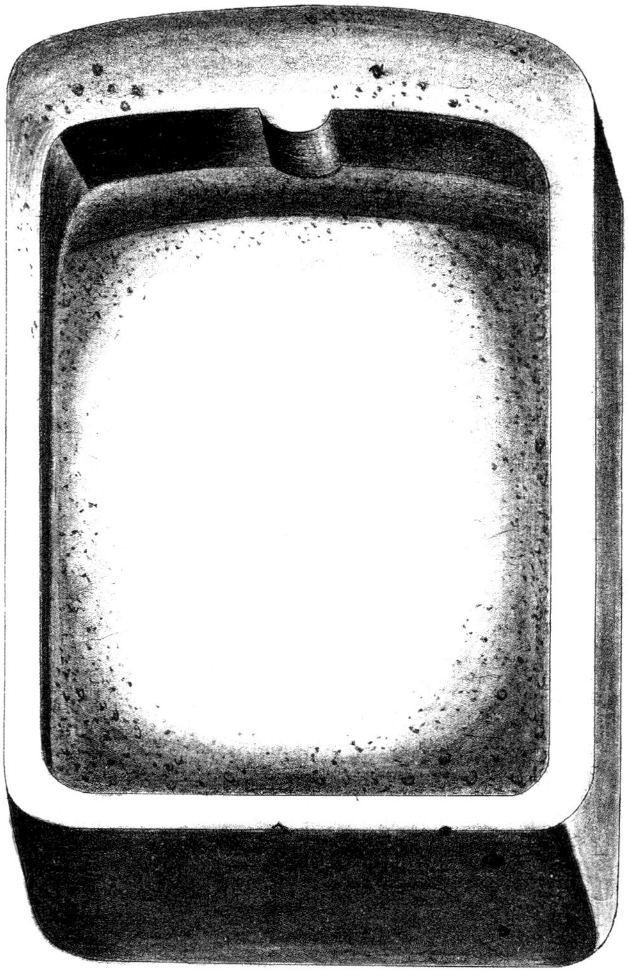

宋紫雲硯背面圖

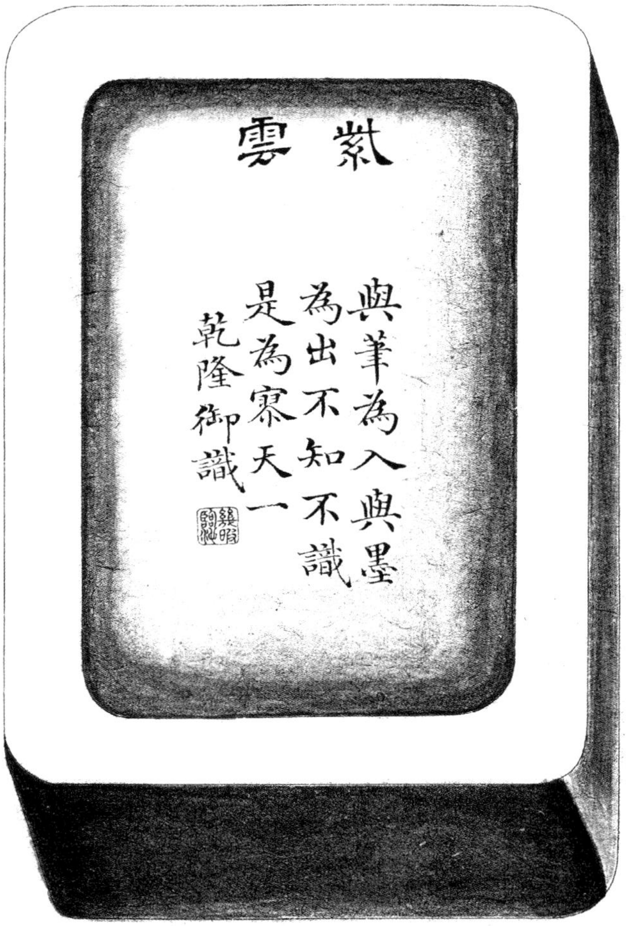
紫雲
與筆為入與墨
為出不知不識
是為寀天一
乾隆御識

宋紫雲硯上方側面圖

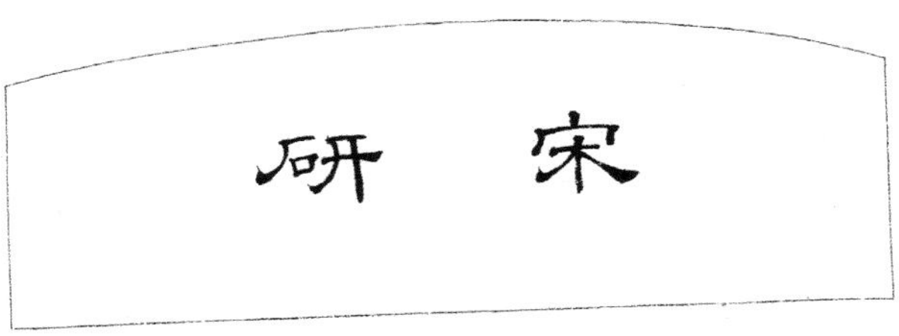

宋紫雲硯說

硯高八寸三分寬五寸八分厚一寸八分宋端溪水巖石受墨處方廣平正墨池作峻坂下深一寸廣一寸八分上方有高眼一中懸如珠硯首側鐫宋硯二字隸書硯背覆手深二分上方鐫紫雲二字隸書下鐫

御題銘一首行書鈐寶一曰幾暇臨池是硯色若紫瓊取材既碩製作亦樸亦雅墨瀋所蓄淋漓可供百紙鏞彩融漬微

有剥蝕匣盖外鐫

御題銘與硯同行書鈐寶一曰几席有餘香内鐫宋研二字隷

書匣底内鐫紫雲二字隷書鈐寶一曰乾隆御玩外鐫標

識曰己楷書

宋暈月硯正面圖

繪圖十分之六

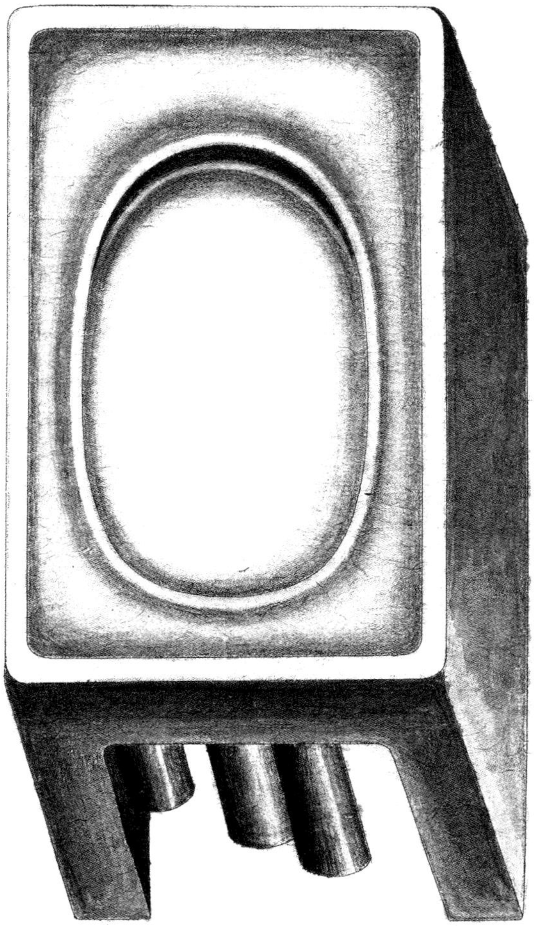

宋暈月硯背面圖

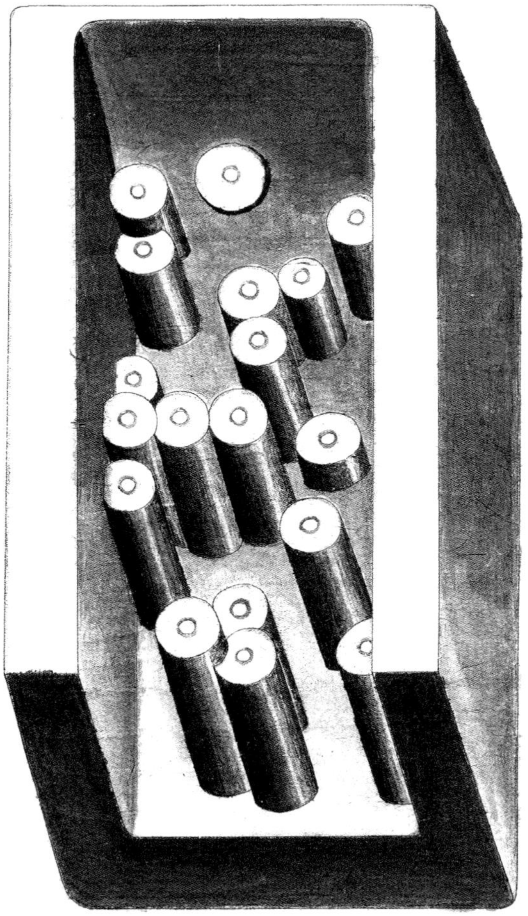

宋暈月硯側面圖

珠含其胎澤潤於礎元雲
蒸蒸不風而雨
乾隆己巳仲冬御題
乾 隆

暈月

宋暈月硯硯首側面圖

宋研

宋暈月硯說

硯高六寸四分寛四寸三分厚二寸七分宋端溪石硯體外長方中受墨處橢圓五寸墨池為弦月形上方側鐫宋研二字右側鐫暈月二字並隸書左側鐫

御題銘一首行書鈐寶二曰乾隆硯背有柱十八各有眼參差聯絡而琢磨工緻非宋時良工不能為匣蓋鐫

御銘與硯同行書鈐寶二曰會心不遠曰乾隆宸翰上方鈐寶一曰乾隆匣底内鐫暈月二字隸書鈐寶一曰乾隆御玩外鐫標識曰辛楷書

宋端石海天硯正面圖
繪圖十分之五

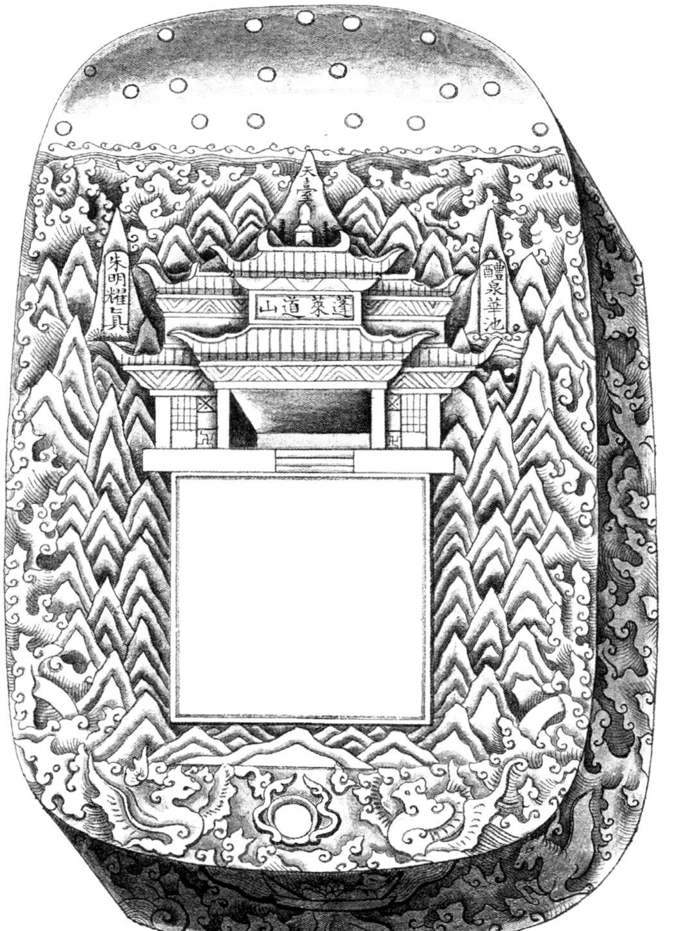

宋端石海天硯背面圖

宋端石海天硯跗內面圖

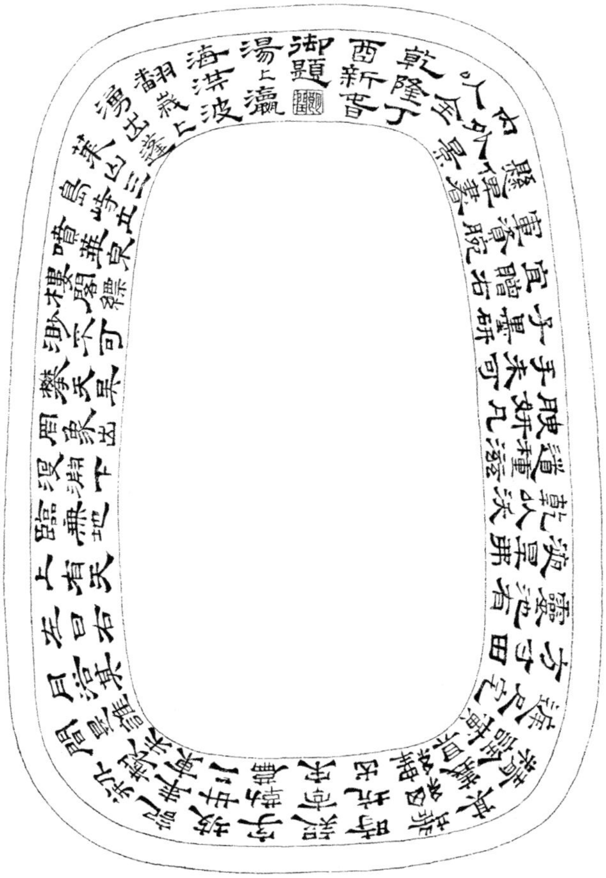

宋端石海天硯跗外面圖

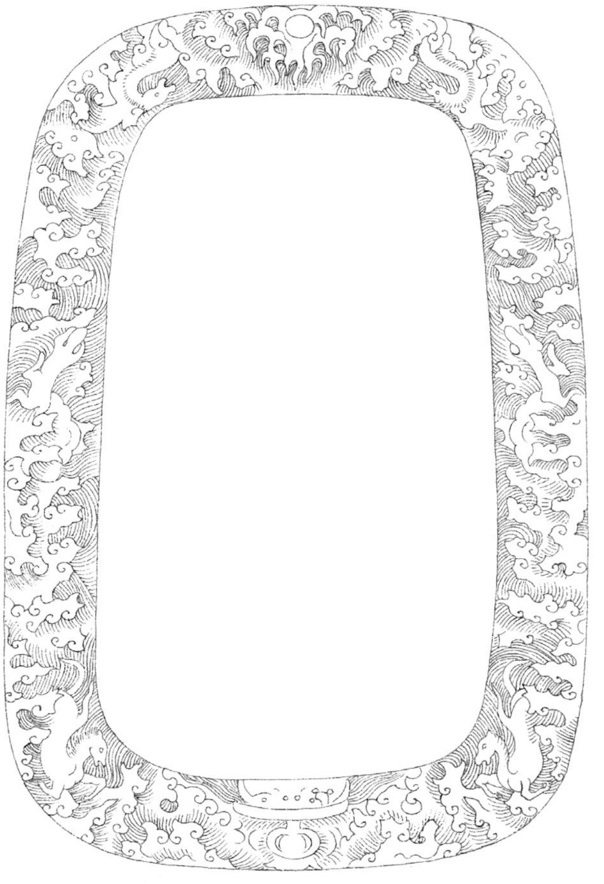

宋端石海天硯説

硯高一尺寬七寸厚二寸橢圓式石理純紫細潤係宋時老坑所産面鐫仙山樓閣環以大瀛海異獸跋浪中矗三峯中峰鐫天臺二字左峰鐫朱明曜真四字右峯鐫醴泉華池四字閣楣鐫蓬萊道山四字俱楷書閣下為硯池池下受墨處正方三寸餘下右旁有眼一硯首左右各鸜鵒眼一黄碧圓暈如日月懸曜羅刻列宿形硯背平窪深一寸二分鐫海湧珎寶上方正中活眼一刻作寶珠光焰正中刻作碑形負以贔屭碑首鐫隷書東坡硯銘四字碑鐫古篆硯銘與墨為入玉靈之食與水為出陰鑑之液懿矣茲石君子之側匪以玩物惟以觀德三十二字外跗亦週刻海濤異獸内跗周鐫

御題詩一首隷書鈐寶一曰朗潤是硯體質瑰博製作精工蘇軾銘詞雖係後人所鐫自是南宋高手硯匣盖鐫

御題詩與硯同隷書鈐寶二曰幾暇怡情曰得佳趣

宋合璧端硯蓋外面圖 繪圖十分之七

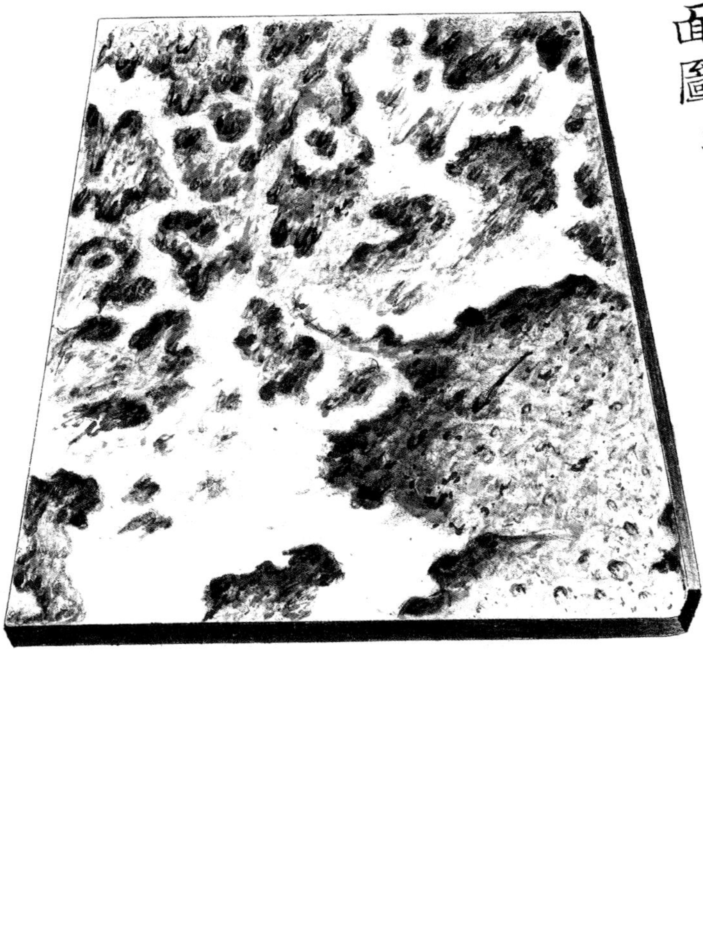

宋合璧端硯蓋内面圖

宋合璧端硯正面圖

宋合璧端硯背面圖

宋合辟端硯上下側面圖

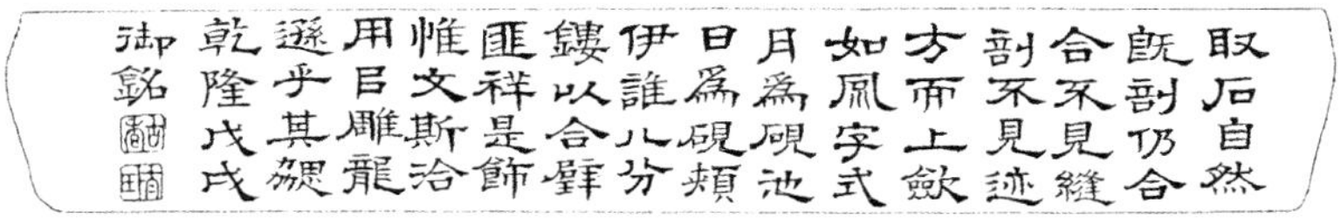

宋合辟端硯說

硯高五寸一分許下寬五寸五分上斂四之一厚一寸一分宋坑端石色黝黑而潤因其自然略加琢治為風字形兩面剥落處亦隨其凹凸不復磨礲近面即石理解駁處約厚二分許剖去為蓋與硯天然符合不爽銖黍硯面正中微凹而光為受墨處上刻偃月形為墨池硯首側鐫宋合辟端硯五字隸書下側鐫

二曰會心不遠曰德充符背鐫合辟二字隸書是硯石質
既古而製作彌復樸雅既剖仍合絕去斧鑿痕蹟幾如無
縫天衣東坡所云巧匠琢山骨於此益信足推文房逸品

宋端石雲腴硯正面圖

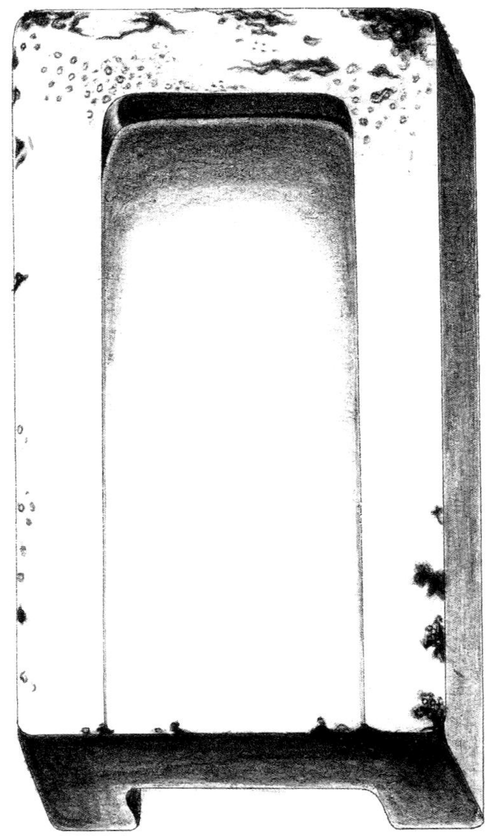

宋端石雲腴硯背面圖

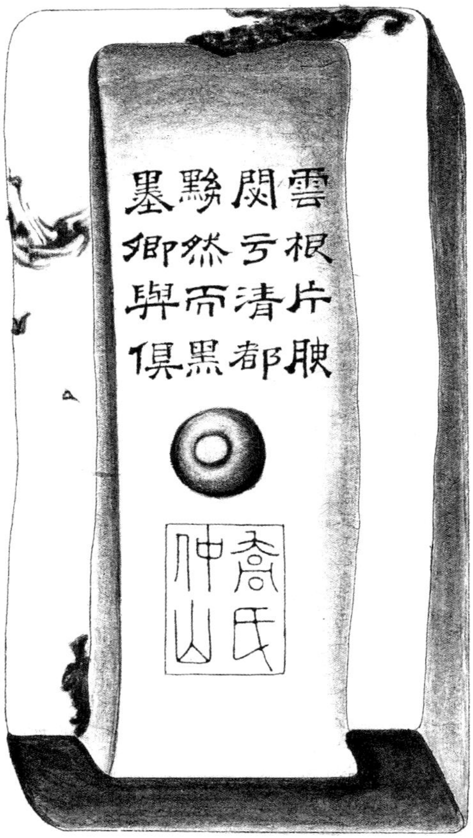
雲根片腴
閟兮清都
黝然而黑
墨卿與俱
喬氏仲山

宋端石雲腴硯側面圖

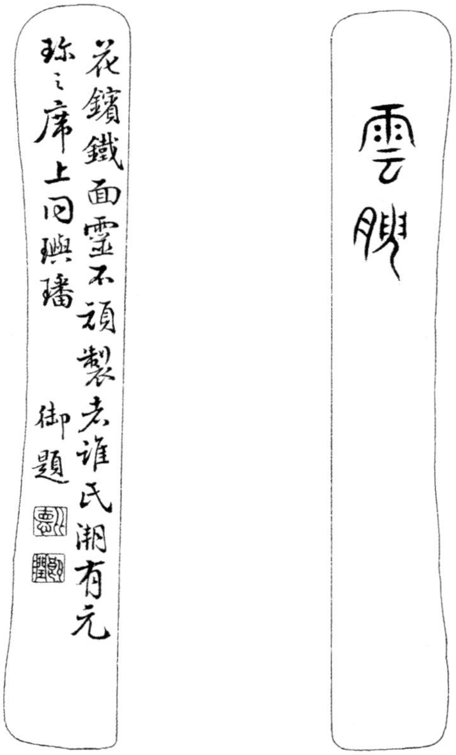

宋端石雲腴硯說

硯高四寸五分寬二寸五分厚六分許宋端石墨池深三分許受墨處從墨池直勒下邊寬五分許製作甚古樸墨鏽亦復深厚左側鐫

御題銘一首楷書鈐寶二曰比德曰朗潤右側鐫篆文雲腴二字硯背上方鐫銘十六字隸書下有喬氏仲山長方印一中隆起鸜鵒活眼一兩趺微凹硯首背面俱有駁蝕痕考仲山元喬簣成號明王世貞弇州續稾稱其書蹟見右軍

干嘔帖及朱巨川告跋尾攷据頗精洽當亦博雅之士是
硯為所收藏尤足珎也匣盖鐫
御題銘與硯同鈐寶一曰乾隆御賞匣底内鐫寶一曰乾隆御
玩
喬蕡成銘　雲根片腴閟于清都黝然而黑墨卿與俱

二曰乾隆正中鐫王寵楷書王羲之蘭亭叙款署嘉靖丁
酉年春正月王寵書十一字下有雅宜二字印一考明王
寵號雅宜山人書效鍾王體或寵得是硯時愛其舊坑堅
潤覆手寬平倣玉枕蘭亭意書全文勒之似非誤認圖意
也兹復邀
宸藻親題以永和貞觀屬對千秋勝事兩美並傳更足增藝林
佳話云

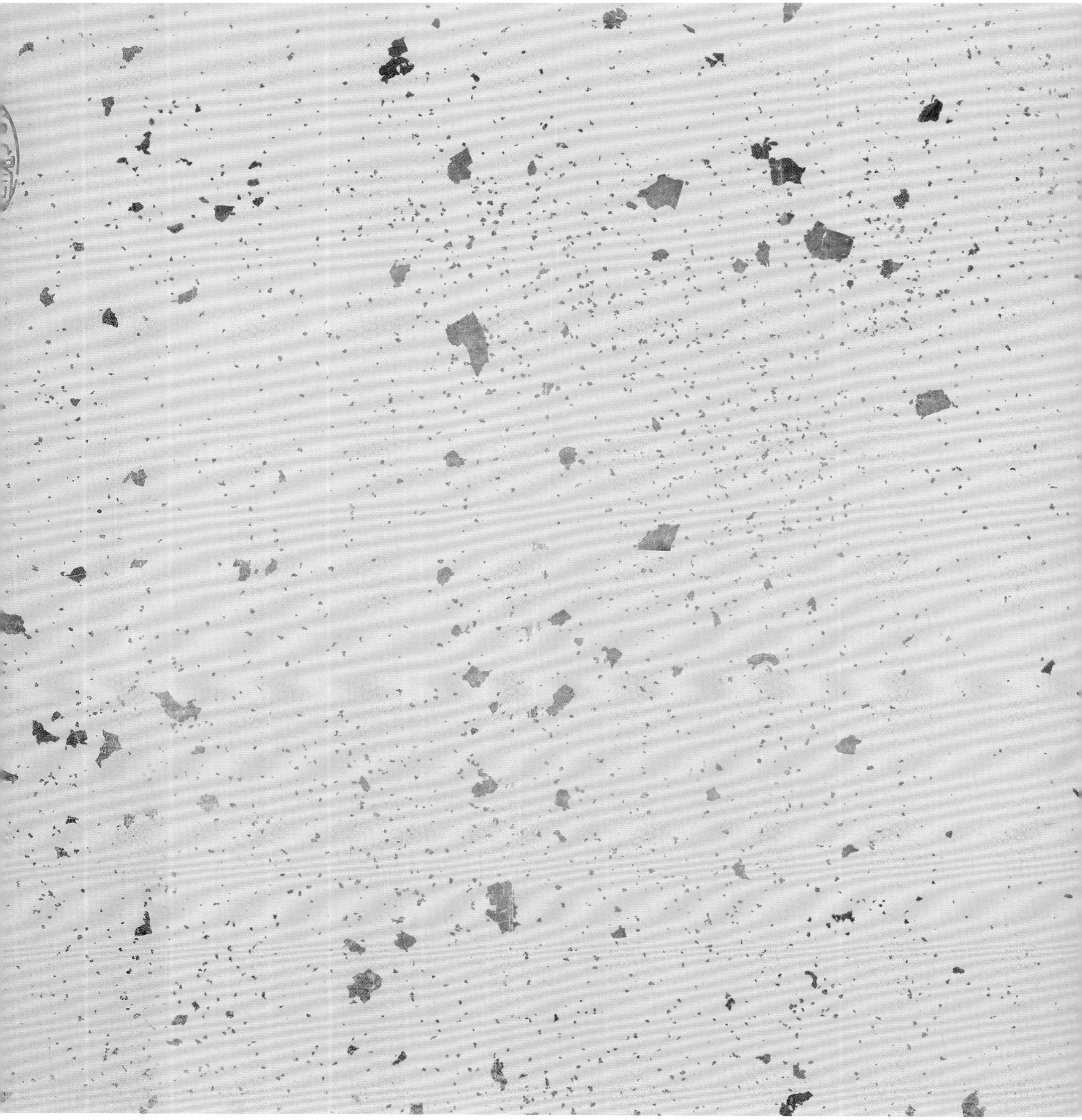

五福五代堂古稀天子寶
八徵耄念之寶

太上皇帝之寶

宋端石歸去來辭硯正面圖

宋端石歸去來辭硯背面圖

蕉葉白猶出宋坑紫桑歸
去一舟輕乃瞻衡宇僮僕
喜便到華門婦子迎圖事
書詞皆足述篆鐫畫刻信
稱精銘辭却弗識姓氏既
尚陶哉此漫評
乾隆丁酉御題

宋端石歸去来辭硯下方側面圖

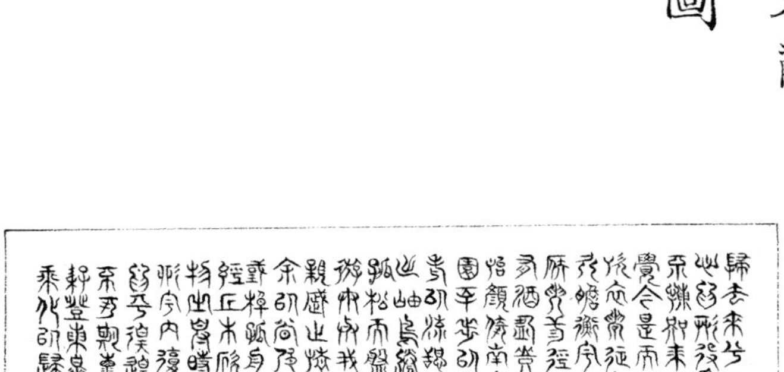

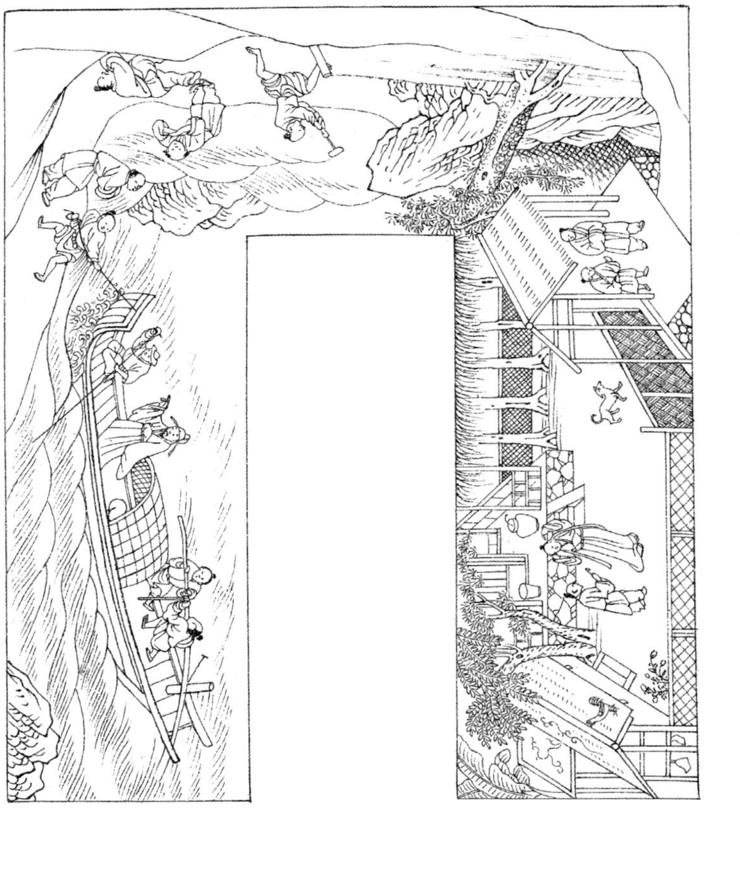

宋端石歸去来辭硯説

硯高七寸寛四寸五分厚二寸五分宋水坑蕉葉白端石也面四週鐫隸書銘四十八字不署款上方左剥蝕二字硯側上左右三面週刻晉陶潛歸去来辭景下側鐫篆書歸去来辭全文亦無款硯背深窪辟立寸有十分寸之六鐫隸書

御題詩一首鈐寶二曰比徳曰朗潤匣蓋並鐫是詩隸書鈐寶二曰幾暇怡情曰得佳趣是硯雖作銘篆刻姓氏不著而石質碧瑩真如蕉心初展墨鏽亦深透繪景處輕舟款門童稚歡候柴桑隱趣宛然在目尤極工緻生動洵非宋質宋製不能

無名人銘　有美琅玕氣凌結緑剷跡柴桑鏤情松菊石友隃麋移闕　竹維黑與玄淄磷不辱用爾摩厲儀爾止足爾維他山我以攻玉

宋端石貨布硯正面圖 繪圖十分之七

宋端石貨布硯背面圖

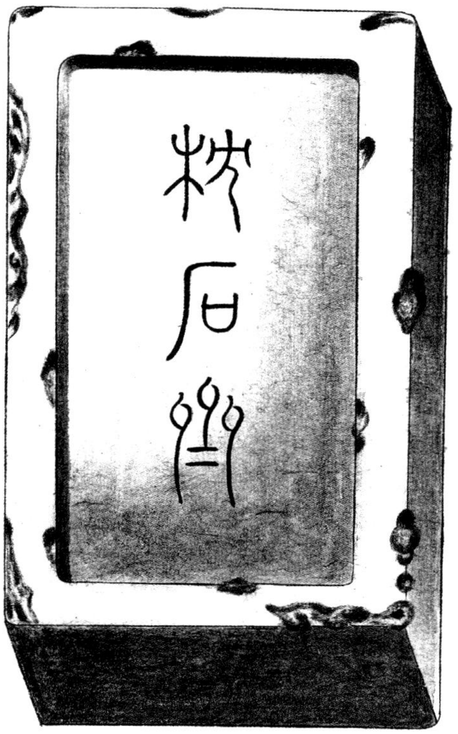

宋端石貨布硯下方側面圖

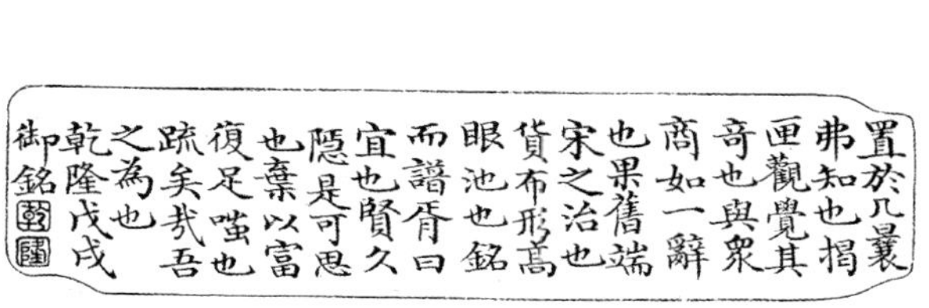

宋端石貨布硯說

硯高五寸三分寬三寸五分厚一寸宋水坑蕉白也通體青花隱起質理細潤磨治精純硯面刻作貨布式首凸鸜鵒高眼一環抱雙夔受墨處微凹池中墨鏽瑩透週有剝蝕處覆手中鐫枕石齋三字篆書無考而篆法古雅刀痕精勁定出名手下方側鐫

御題銘一首楷書鈐寶二曰乾隆匣蓋並鐫是銘隸書鈐寶二

曰會心不遠曰德充符

宋端石七星硯正面圖

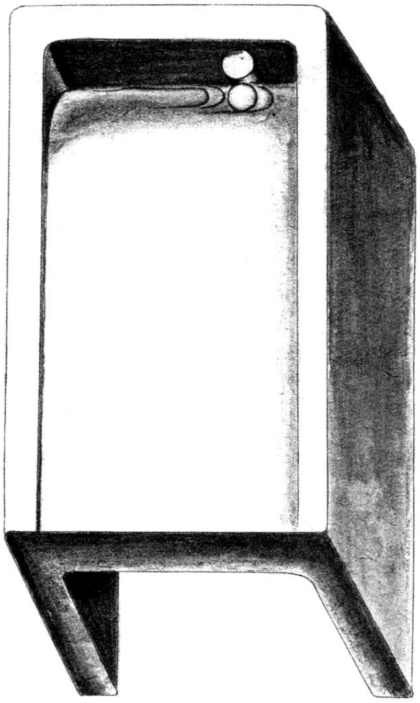

宋端石七星硯背面圖

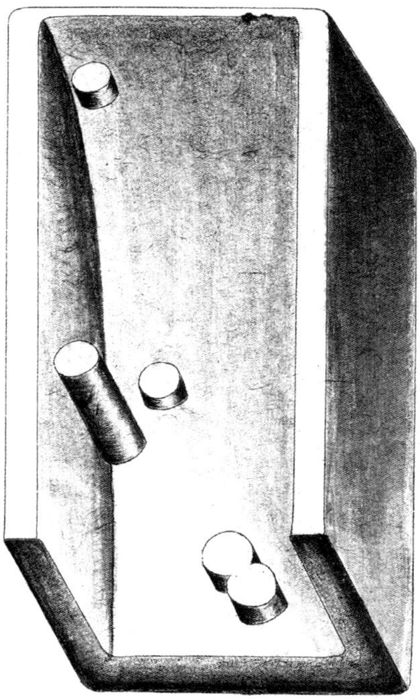

宋端石七星硯側面圖

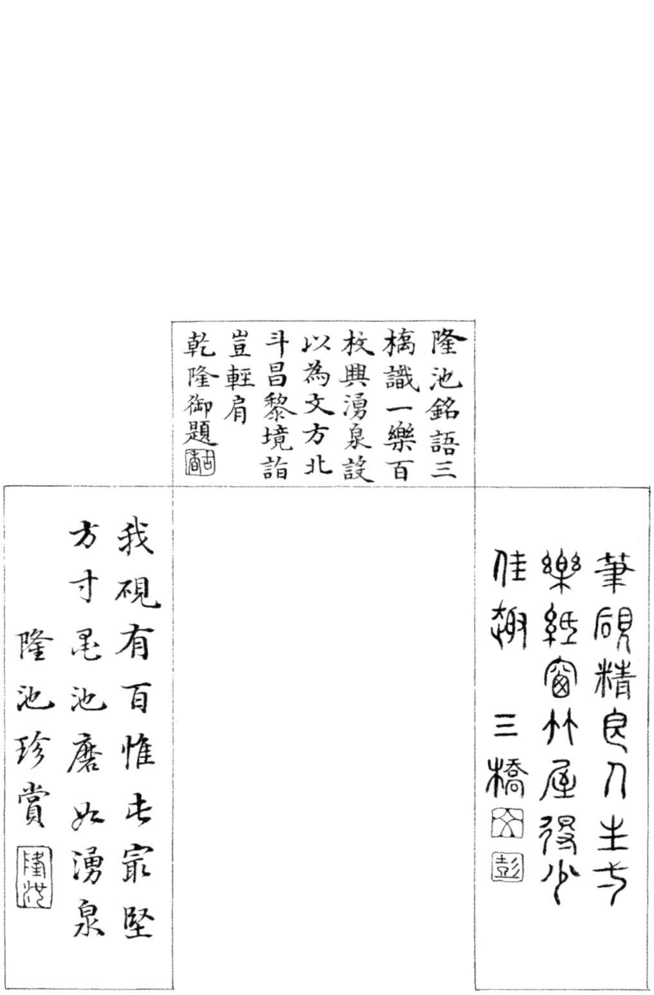
隆池銘語三
橋識一樂百
枚與湧泉設
以為文方北
斗昌黎境詣
豈輕肩
乾隆御題
筆硯精良人生一
樂紙窗竹屋得少
佳趣 三橋
我硯有百惟古窊堅
方寸是池磨如湧泉
隆池珍賞

宋端石七星硯說

硯高三寸寬一寸八分厚一寸長方式石理堅潤發墨
池深三分池中柱二各有鸜鵒眼左側鐫行書銘十六字
署款曰隆池珍賞下有隆池長方印一右側鐫篆書識語
十六字署款曰三橋下有文彭二字連印硯首側鐫
御題詩一首楷書鈐寶一曰古香匣盖竝鐫是詩隸書鈐寶二

曰比德曰朗潤硯背柱五有鸜鵒眼者三按三橋明文彭號隆池明彭年號是硯確係宋坑舊石復經文彭輩珍賞洵為文房佳品

彭年銘　我硯有百惟此宬堅方寸墨池磨如湧泉

文彭識語　筆硯精良人生一樂紙窓竹屋得少佳趣

宋端石風字硯正面圖

繪圖十分之八

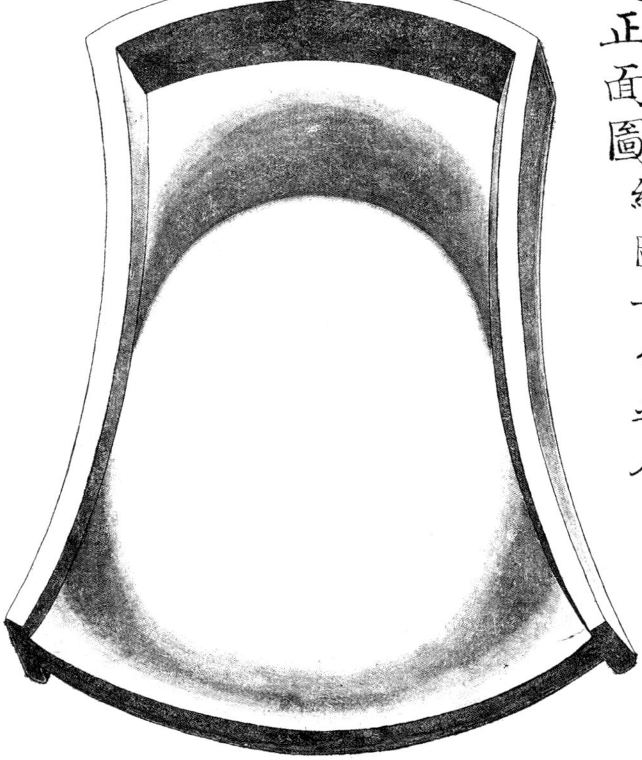

宋端石風字硯背面圖

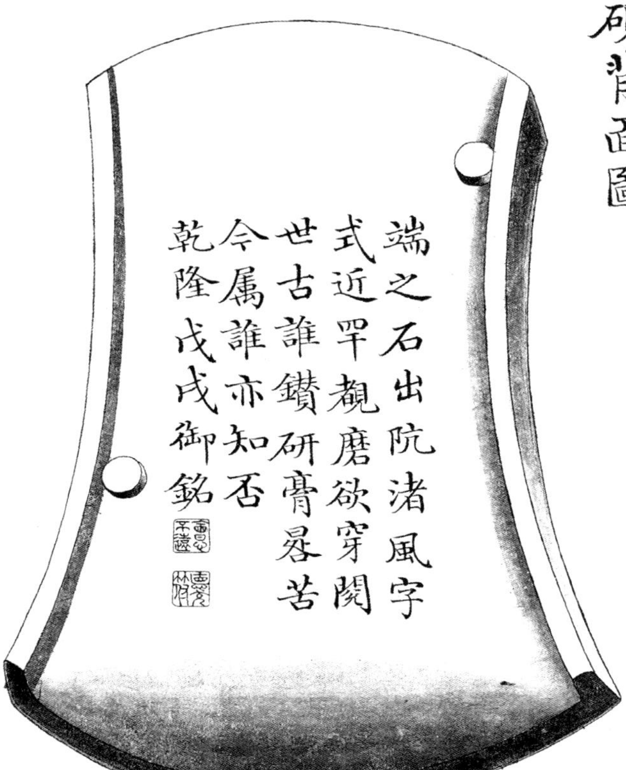

宋端石風字硯說

硯高五寸八分風字式上寬三寸四分下寬四寸五分厚四分宋坑端石為之受墨處平通墨池墨鏽古厚右側有翡翠痕覆手左右直勒下兩跗離几二分許跗旁刻作兩柱右高而左下中鐫

御題銘一首楷書鈐寶二曰會心不遠曰德充符匣蓋並鐫是銘隸書鈐寶二曰幾暇怡情曰得佳趣是硯質薄體寬可多受墨尤便行笥提挈

宋端石百一硯正面圖 繪圖十分之七

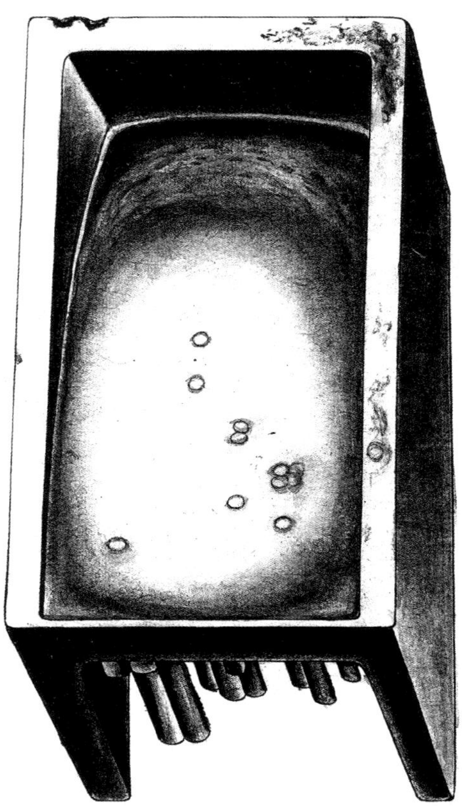

宋端石百一硯背面圖

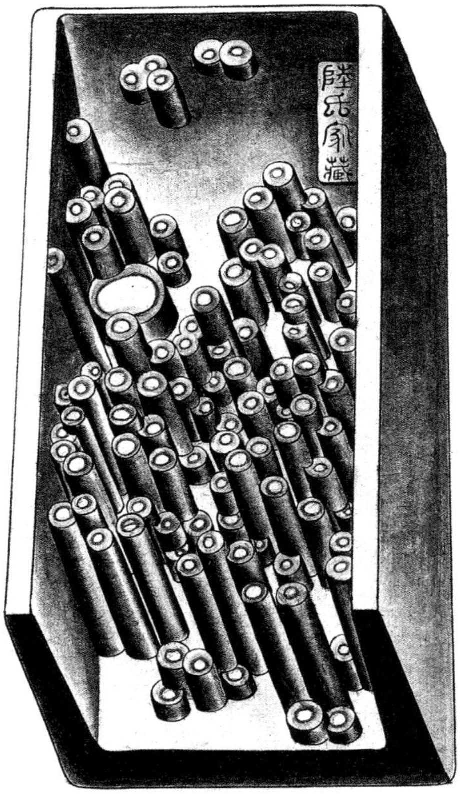

宋端石百一硯右方側面圖

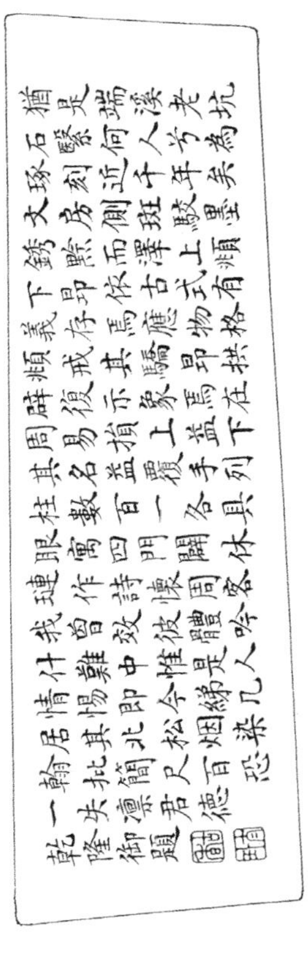

宋端石百一硯說

硯高五寸六分寬三寸二分許上厚一寸三分下厚一寸五分上瀕而下昂宋端溪老坑石硯面隆起而中微凹翠點隱然池深廣墨鏽斑駁兩跗較面稍斂覆手刻石柱大一小百各有眼右上方鐫陸氏家藏四字篆書而不著名款無考右側鐫

御題詩一首楷書鈐寶二曰古香曰太璞匣蓋並鐫是詩隸書鈐寶二曰比德曰朗潤

宋端溪天然子石硯正面圖

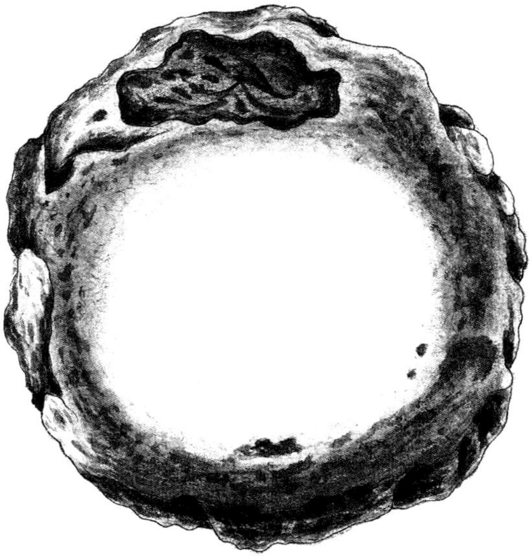

宋端溪天然子石硯背面圖

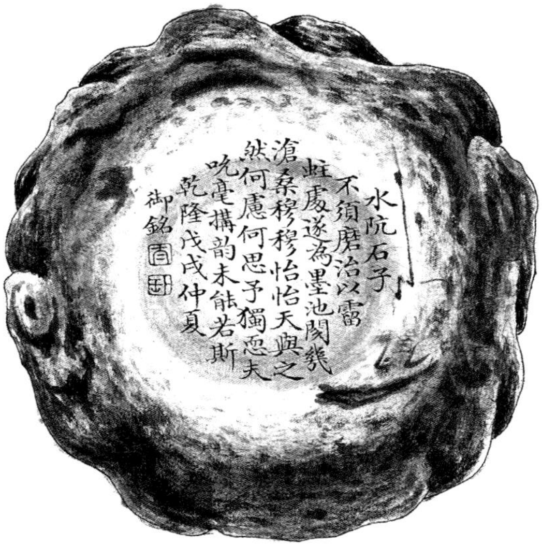

宋端溪天然子石硯説

硯係端溪天然子石約圍一尺許圓而微橢徑三寸許厚寸許四周皴皺上方有水蛀因為墨池面平為受墨處徑二寸餘皆不加礱治自然古樸周裏墨鏽尤極深厚背鐫

御題銘一首楷書鈐寶二曰太璞匣蓋並鐫是銘隸書鈐寶二曰比德曰朗潤

宋端溪子石蟠桃核硯正面圖

繪圖十分之七

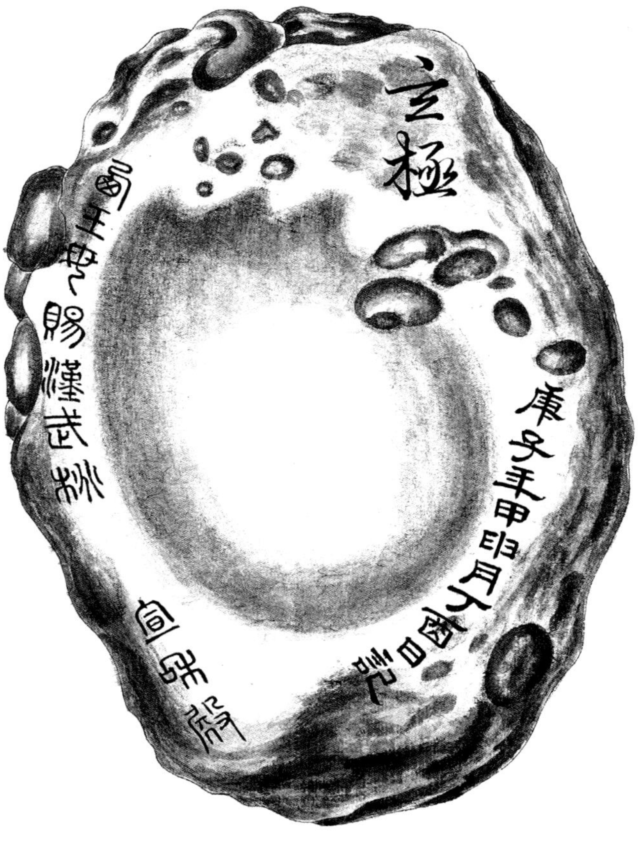

宋端溪子石蟠桃核硯背面圖

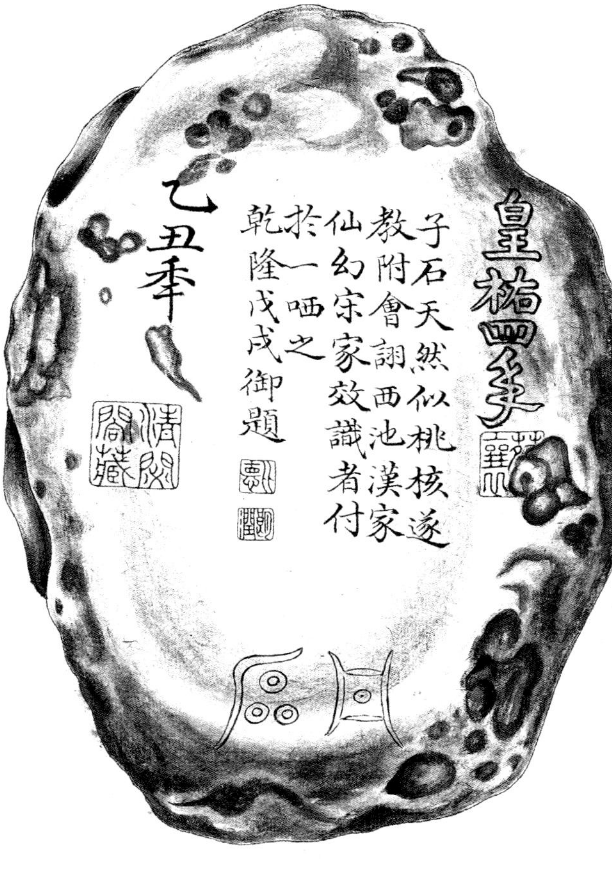

宋端溪子石蟠桃核硯側面圖

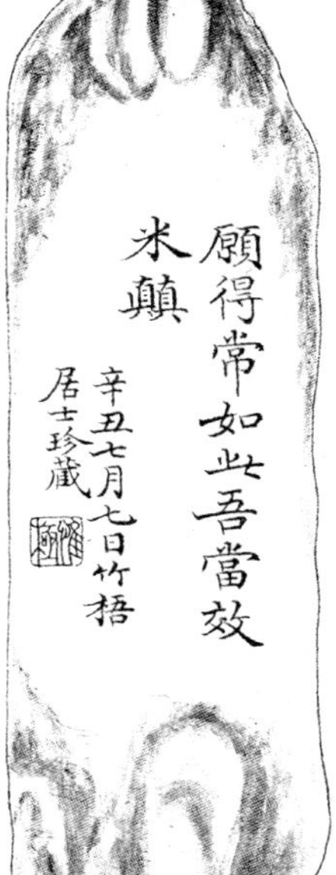

宋端溪子石蟠桃核硯說

硯高約六寸寬五寸厚一寸五分許宋端溪子石橢圓而長通體水蛀皺透因其天然琢為蟠桃核形硯面礱治稍平為受墨處左方畧窪為墨池右上方鐫元極二字行書左邊鐫西王母賜漢武桃七字稍下有宣和殿三字俱篆書右邊鐫庚子年甲申月丁酉日記十字隸書右側上方稍平處鐫頤得常如此吾當效米顛十字下署辛丑七月七日竹梧居士珍藏十二字俱楷書下有惟極二字方印一硯背左方鐫皇祐四年四字飛白書下有蔡襄二字方印

一左方鐫乙丑年三字楷書下有清秘閣藏四字方印一
下方鐫丹扃二字篆書中鐫
御題詩一首楷書鈐寶二曰比德曰朗潤亜蓋並鐫是詩隸書
鈐寶二曰乾隆考古玉圖譜載有蟠桃核杯與硯式正合
左右邊所鐫篆隸書亦同按皇祐為宋仁宗紀年蔡襄字
君謨為慶歷四諫官之一宋自真宗託為天書符瑞羽流
術士肆其矯誣王母賜桃宜所艷羨君謨士人或亦因舊
有此款命工仿為之清秘閣元倪瓚所居乙丑為元泰定
帝二年考明史倪瓚傳瓚卒於洪武七年年七十四是歲
甲寅上距泰定乙丑計五十年或瓚於是年得硯故刻此
以誌耳元極丹扃及竹梧居士俱無考

宋端石三星硯正面圖 繪圖十分之六

宋端石三星硯背面圖

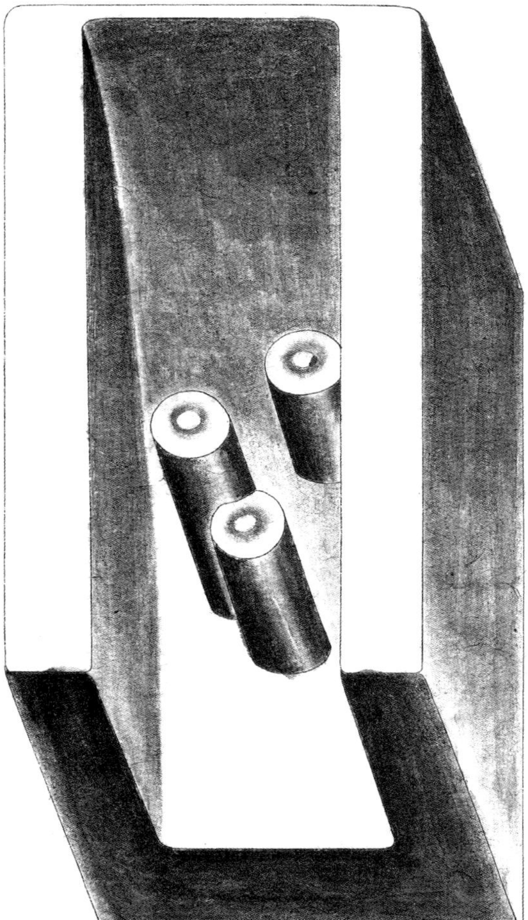

宋端石三星硯上方側面圖

硯額猶存雀腦斑三星背柱刻為圜東薪設以摽梅較美刺分明在此間

乾隆戊戌仲春御題

幾暇怡情　得佳趣

宋端石三星硯說

硯高六寸七分寬四寸一分厚三寸宋老坑端石側理為之製作古樸硯面隱隱有白點所謂雀腦斑者是也墨池上有鸜鵒高眼一覆手刻作三柱參差高下眼皆明潤圓活上方側鐫

御題詩一首楷書鈐寶二曰幾暇怡情曰得佳趣匣蓋並鐫是詩隸書鈐寶二曰乾隆

宋端石聚奎硯正面圖 繪圖十分之六

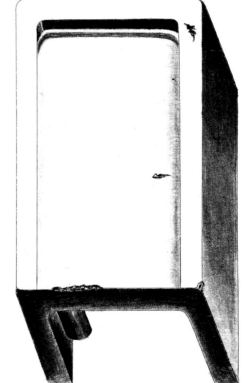

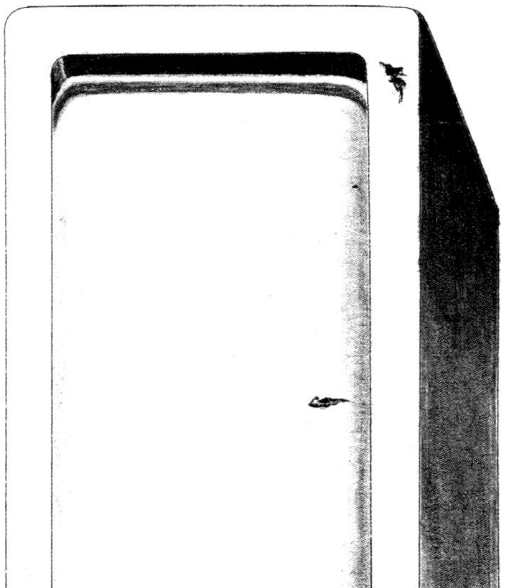

宋端石聚奎硯背面圖

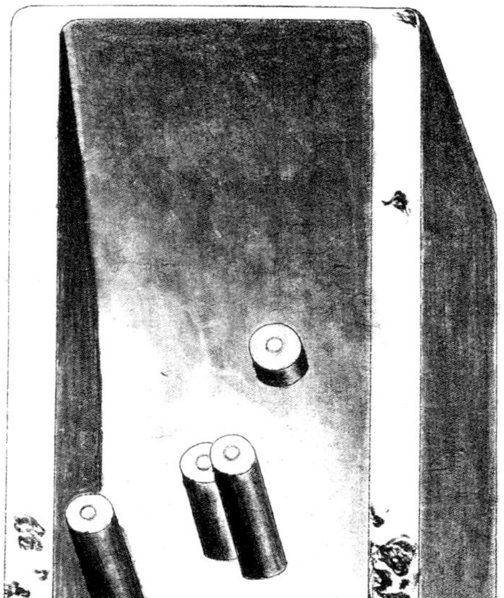

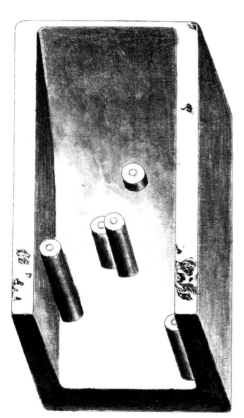

宋端石聚奎硯上之側面圖

燦然五柱五星懸昭象文明乾德年瀛洛闕閩傳道統是真儒也豈詞妍
乾隆戊戌仲春御題

宋端石聚奎硯說

硯高五寸九分寬三寸五分厚二寸二分宋端石製光潤可鑑左側上方及跗俱微有駁蝕痕硯面正平池中墨鏽深透覆手五柱各有眼參差離立應取五星聚奎之義硯首側鐫
御題詩一首楷書鈐寶二曰會心不遠曰德充符匣蓋並鐫是詩隸書鈐寶二曰幾暇怡情曰得佳趣

宋端石洛書硯正面圖 繪圖十分之七

宋端石洛書硯背面圖

宋端石洛書硯上方側面圖

質紫而潤穆
以愔閱世七
百餘年深墨
銹如漢玉土
侵古香古友
過球琳刻作
靈龜洛書任
斂時敷錫吾
惟欽
乾隆己亥春
御題

宋端石洛書硯說

硯高六寸寬三寸八分厚一寸五分許宋坑端石色紫而潤墨池刻洛龜負書波濤涌起龜首左頋吐慶雲高出硯首墨鏽融結四邊俱有駁落覆手深五分許製作古樸中微損蝕下方側面鐫

御題詩一首楷書鈐寶二曰比徳曰朗潤匣蓋並鐫是詩鈐寶二曰乾隆

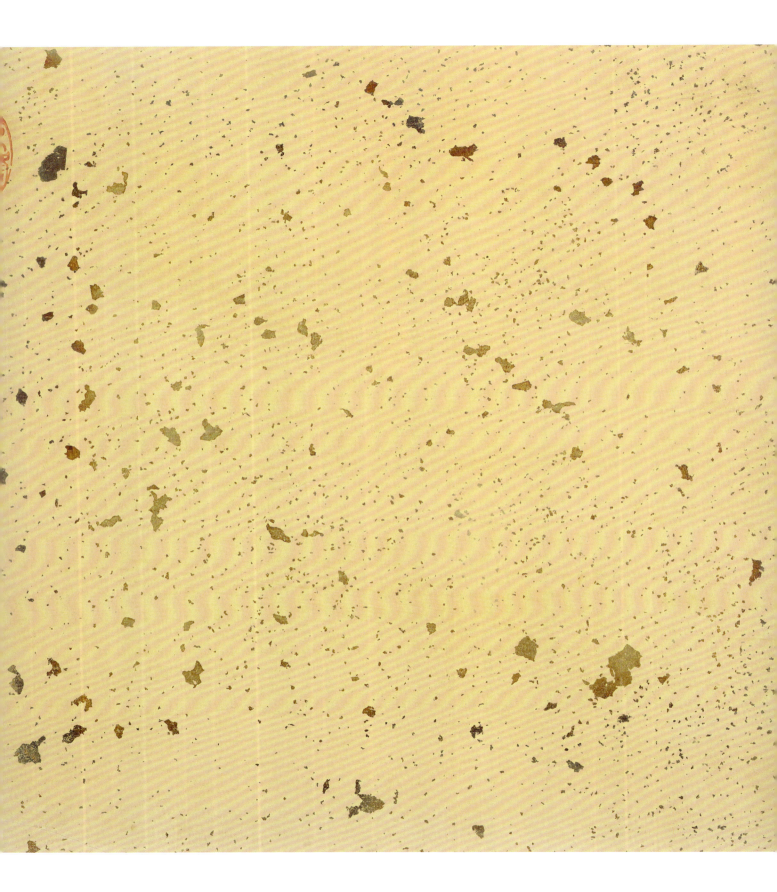

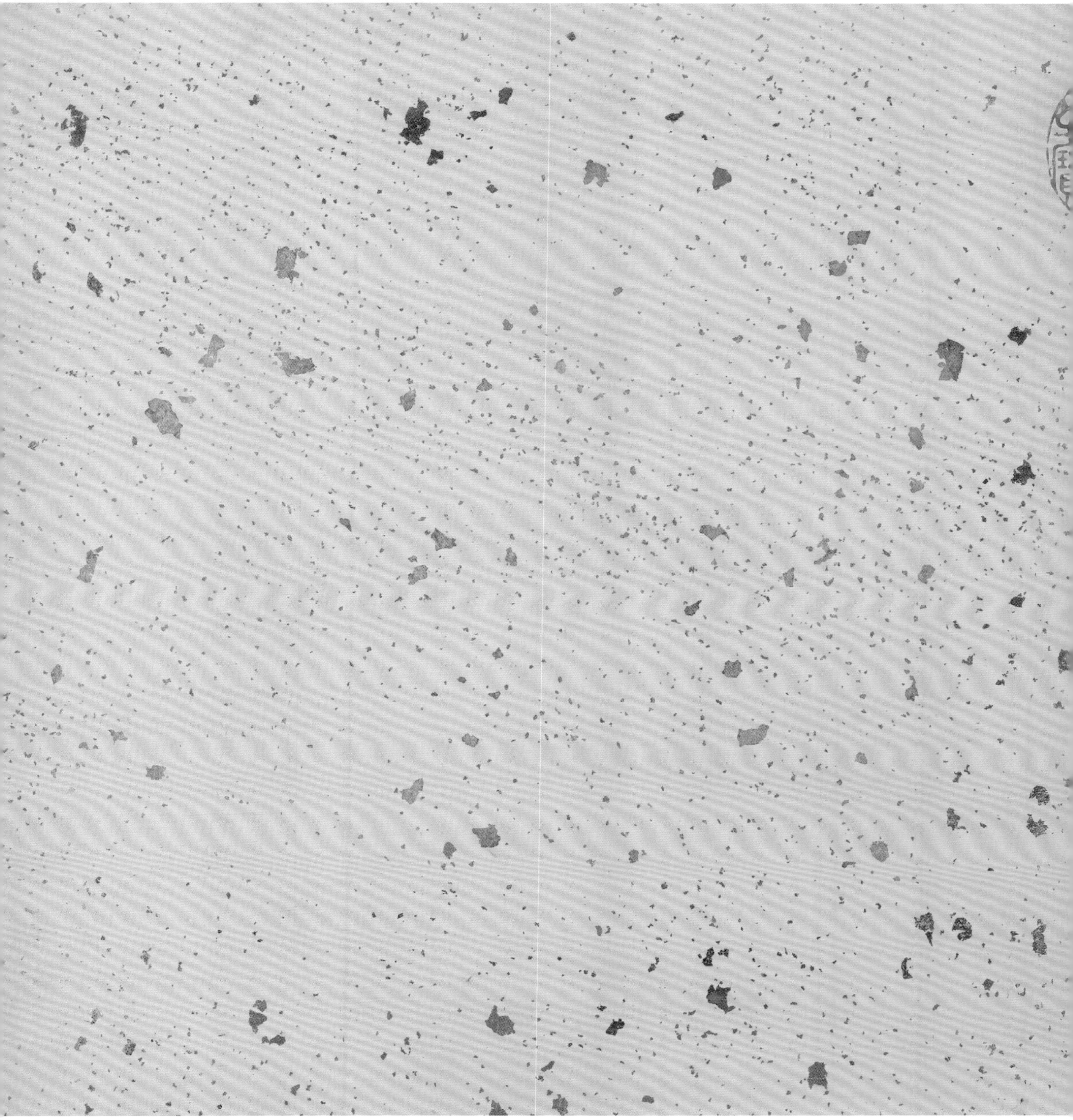

五福五代堂古稀天子寶
八徵耄念之寶

宋端石騰蛟硯正面圖 繪圖十分之七

宋端石騰蛟硯背面圖

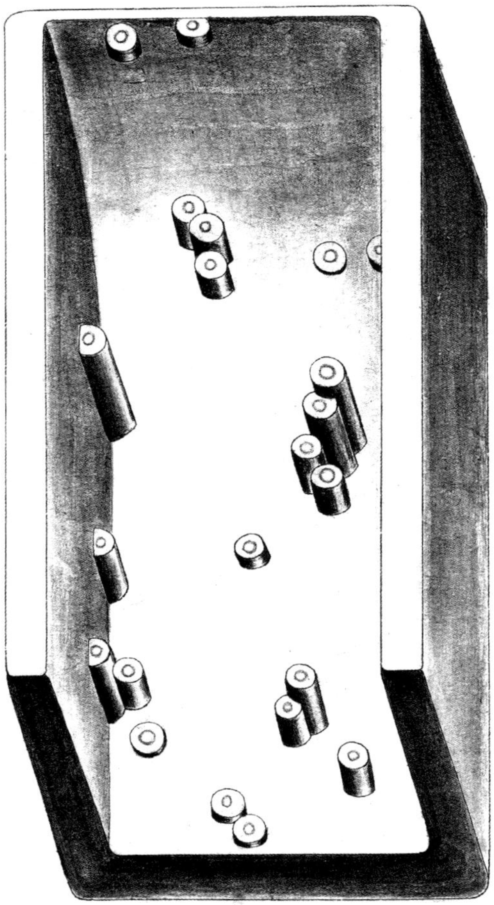

宋端石騰蛟硯上方側面圖

側理徵存翠
點加墨池潤
意蕋心芽騰
蛟設以喻文
筆應贈詞宗
學士家
乾隆戊戌仲
夏御題

宋端石騰蛟硯說

硯高五寸六分寬三寸五分厚二寸水岩佳石側理為之質細而白硯面右旁及左下方俱有翡翠點墨池深五分許聚濬極多中刻蟠蛟一昂首作騰起勢邊刻帶文覆手刻柱二十有二柱各活眼一上方側鐫

御題詩一首楷書鈐寶二曰會心不遠曰德充符匣蓋並鐫是詩隸書鈐寶同

宋端石印川硯正面圖

繪圖十分之七

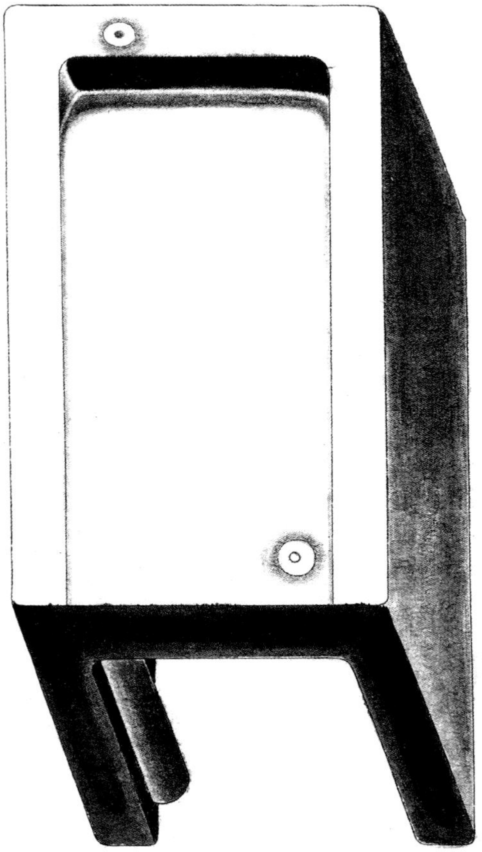

宋端石印川硯背面圖

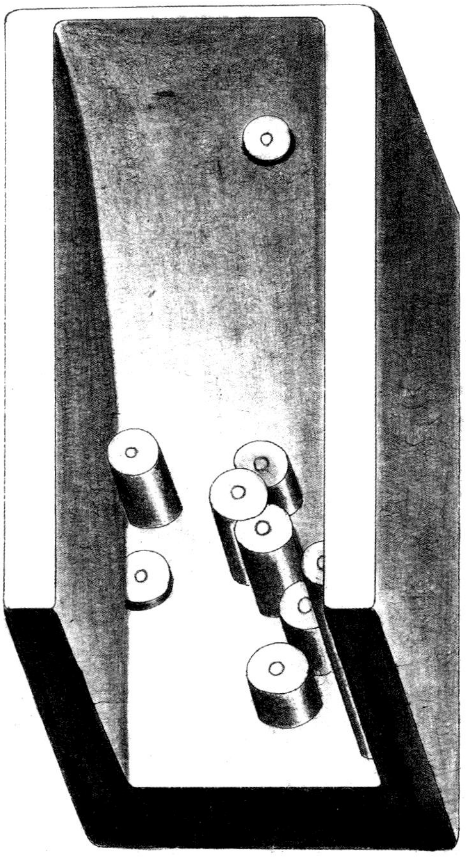

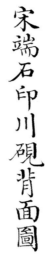

宋端石印川硯上方側面圖

月印千川率稱
禪理一以貫之
豈殊斯旨活眼
對照非彼非此
徒以品佳置於
綈几臨池則恐
形似而已
乾隆御銘

宋端石印川硯說

硯高五寸二分寬三寸一分厚二寸二分宋坑蕉白端石側理為之墨池上活眼一懸如朗月右下方蕉葉紋如水波層疊中涵活眼一恰與上方眼對照如月之印川天然巧製覆手柱十高下參差亦各有眼上方側鐫

御題銘一首楷書鈐寶二曰會心不遠曰德充符匣蓋並鐫是銘隸書鈐寶二曰幾暇怡情曰得佳趣

宋端石
三虎硯
正面圖
繪圖十
分之八

宋端石
三虎硯
背面圖

質堅而
潤製雅以
古代半千年
名存三虎貫乎陸
乎伊誰與侶
乾隆戊戌
御題

宋端石三虎硯說

硯體正圓徑四寸五分厚八分舊坑端石為之受墨處微
凹墨池作偃月形右上方有剝缺側面周刻雲螭近跗處
刻三虎頭抱跗出硯體二分許覆手圓而窪內鐫
御題銘一首楷書鈐寶一曰幾暇怡情周邊鐫銘二十一字署
宋致稱佳氏製六字款俱篆書考宋致
本朝吏部尚書宋犖之子仕至布政使是硯刻鏤工雅石質
亦古確係舊製而為宋致收藏題款匣蓋鐫
御題銘與硯同隸書鈐寶一曰乾隆宸翰

宋端石洛書硯正面圖 繪圖十分之五

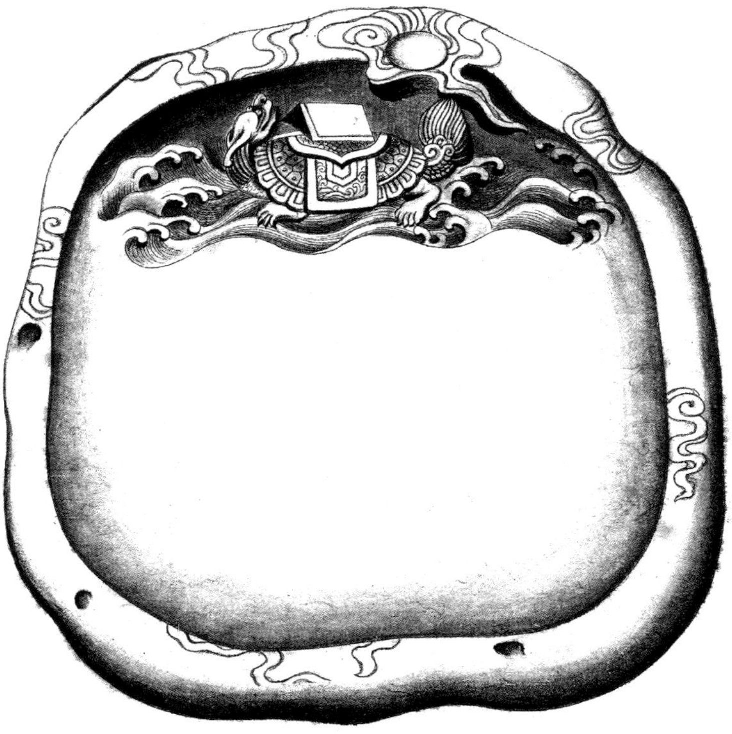

宋端石洛書硯背面圖

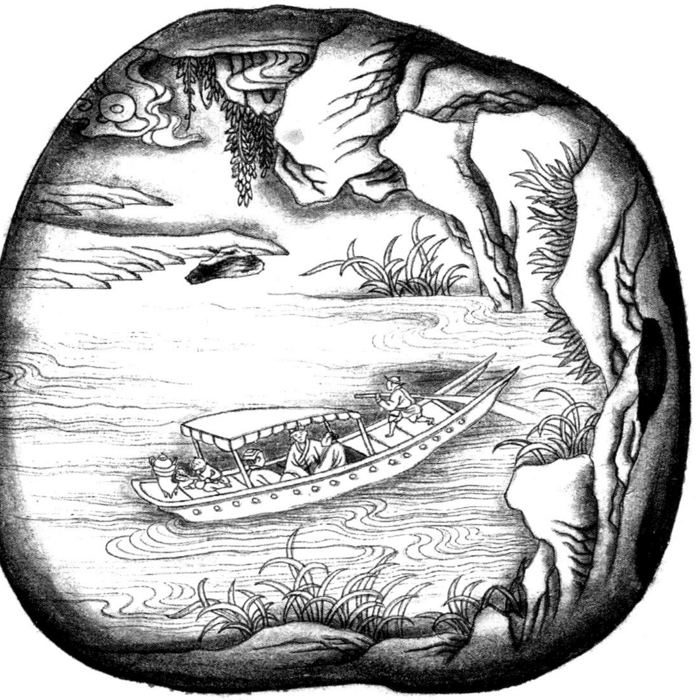

宋端石洛書硯右方側面圖

靈龜負書出於洛水洪範九疇實肇乎此如日麗天信有斯理何人
刻背乃作蘇子月小山高後遊而已擬以不倫吾思其旨或者雪堂
曾弆書几自寫其真與硯為友疑東坡言如是如是　乾隆御銘

宋端石洛書硯說

硯高八寸許寬八寸二分厚一寸一分端溪老坑石也體圓面平邊四周微有駁蝕處墨池刻作波瀾層涌洛龜負書形右上方有活眼一四邊周刻流霞如慶雲之拱日覆手內刻東坡後赤壁賦景左方上有小眼一山高月小水落石出景色宛合極為工巧雖與硯面義不相謀或東坡曾弆是硯自圖賦意以識鑒賞耳右側面鐫

御題銘一首楷書鈐寶一曰太璞匣蓋並鐫是銘隸書鈐寶二曰幾暇怡情曰得佳趣

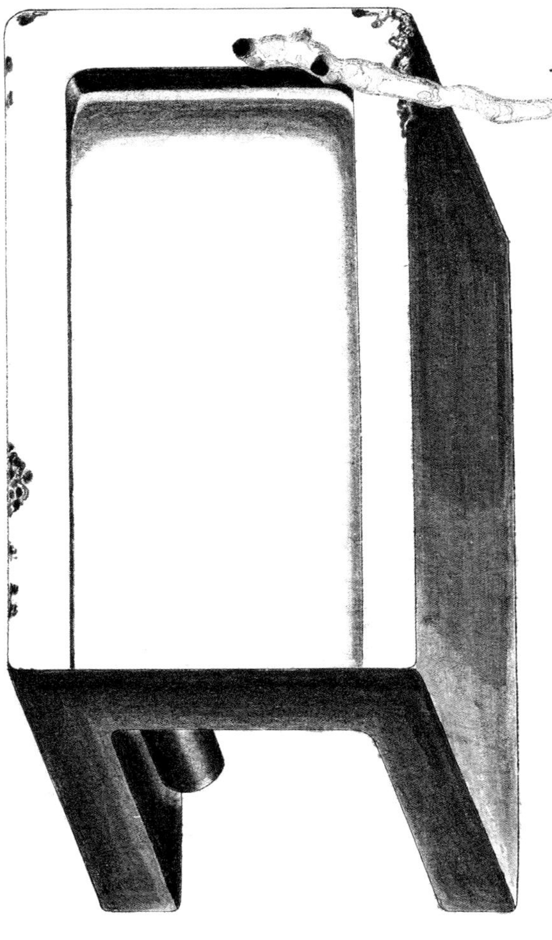

宋端石五丁硯正面圖繪圖十分之六

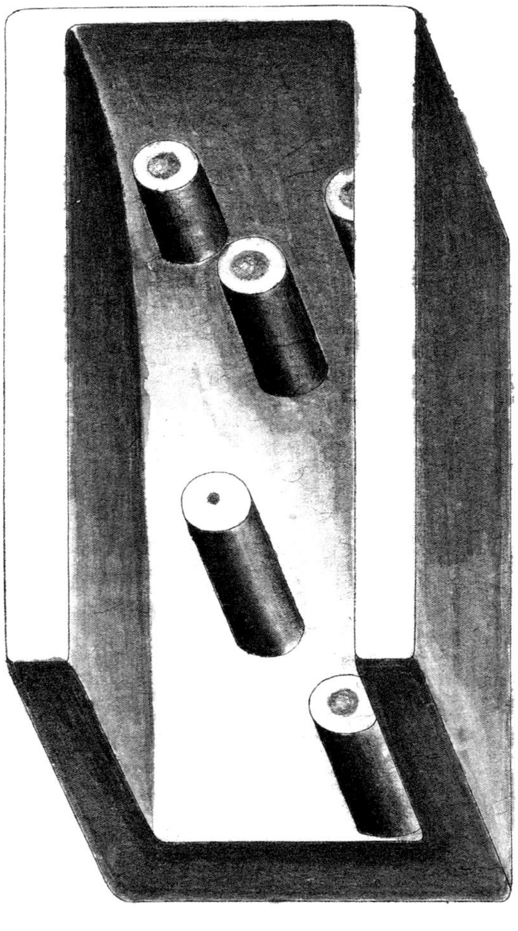

宋端石五丁硯背面圖

宋端石五丁硯上方側面圖

出宋舊阬蕉白
側理為北為南
莫可考耳其古
則同文房佳友
覆手五丁意寓
深旨立言不朽
經天緯地以視
蜀人眇乎小矣
乾隆戊戌仲夏
御銘

宋端石五丁硯說

硯高六寸六分寬四寸厚二寸五分舊坑蕉白端石側理為之左上方斜界火捺紋一道墨池墨鏽深厚可鑑左邊微有剝蝕覆手刻柱長短凡五柱各有眼上方側面鐫

御題銘一首楷書鈐寶二曰會心不遠曰德充符匣蓋並鐫是銘隸書鈐寶同

宋端石鳳池硯正面圖

繪圖十分之六

宋端石鳳池硯背面圖

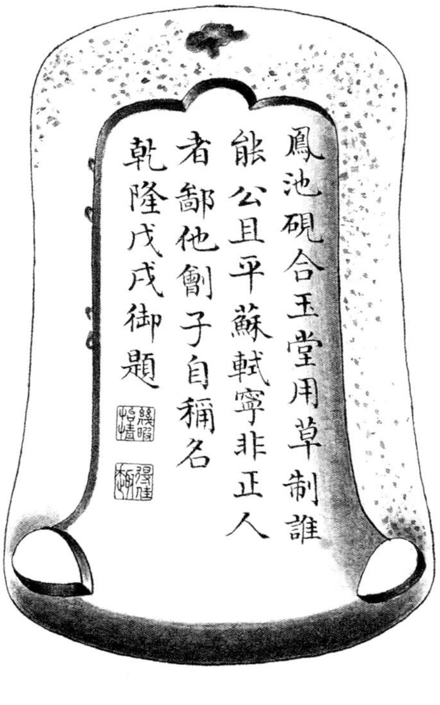
鳳池硯合玉堂用草制誰
能公且平蘇軾寧非正人
者鄙他創子自稱名
乾隆戊戌御題

宋端石鳳池硯說

硯高六寸七分上下寬三寸九分中微斂二分許厚四分宋坑端石色紫而潤琢為鳳池式受墨處及墨池上俱微有刓駁痕覆手深分許下削兩足離几二分許上方及右邊亦有剝蝕處中鐫

御題詩一首楷書鈐寶二曰幾暇怡情曰得佳趣匣蓋並鐫是詩隸書鈐寶二曰乾隆

宋端石重卦硯正面圖

繪圖十分之六

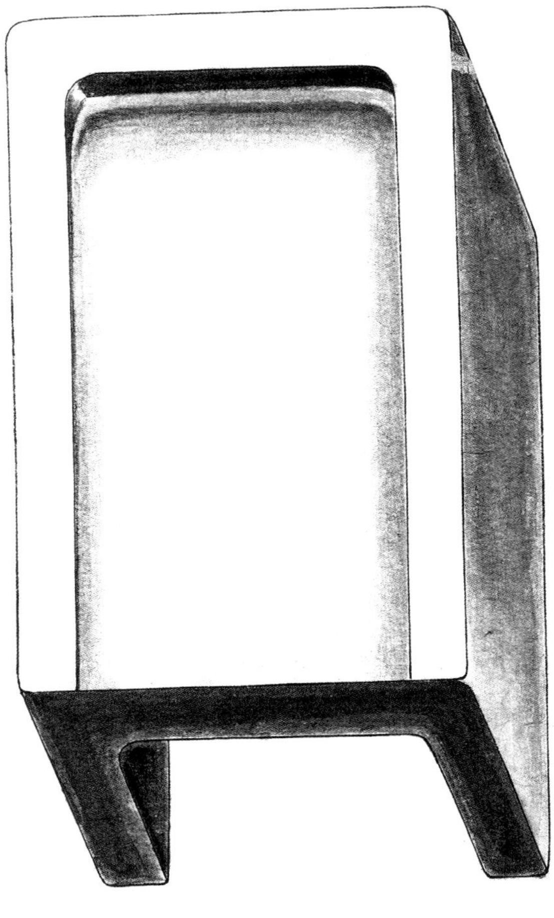

宋端石重卦硯背面圖

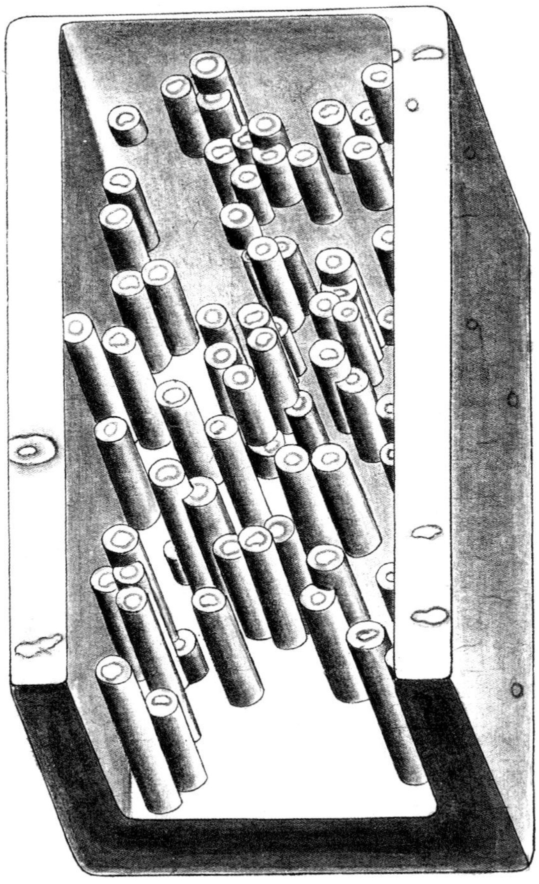

宋端石重卦硯上方側面圖

奇偶八含八復重卦成六十四為宗由来天地自然數豈是義文剏作蹤刻柱令人明著眼不言惟硯密藏胸玩辭則置斯觀象用者宜誰宜郃雍
乾隆戊戌夏日
御題

宋端石重卦硯說

硯高六寸八分寬四寸三分許厚二寸二分許宋端溪梅花坑石質純色淡通體青花隱隱中間翠點霞手刻六十四柱長短不一柱各有眼恰合八卦重列之數上方側面鐫
御題詩一首楷書鈐寶二曰比德曰朗潤匣蓋並鐫是詩隸書

鈐寶一曰幾暇怡情是硯眼雖繁而區畧遜水坑然體博

製古要非近時有也

宋端石紫袍金帶硯正面圖 繪圖十分之六

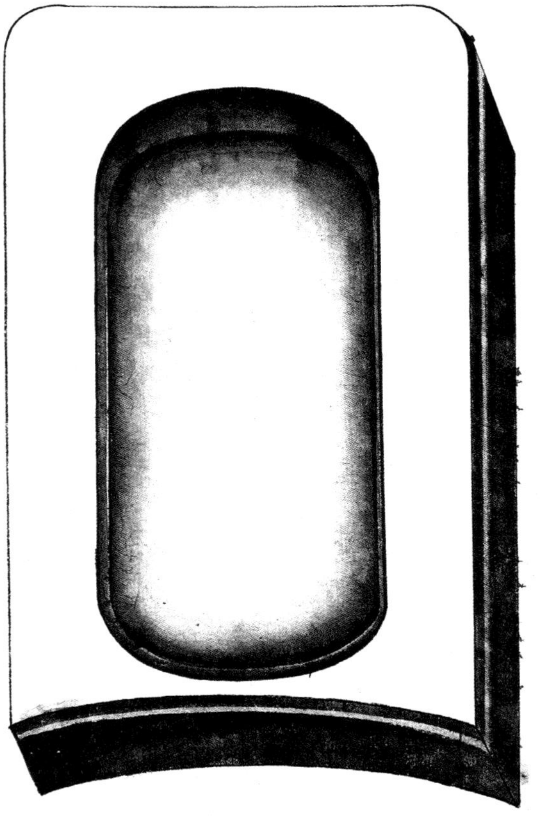

宋端石紫袍金帶硯背面圖

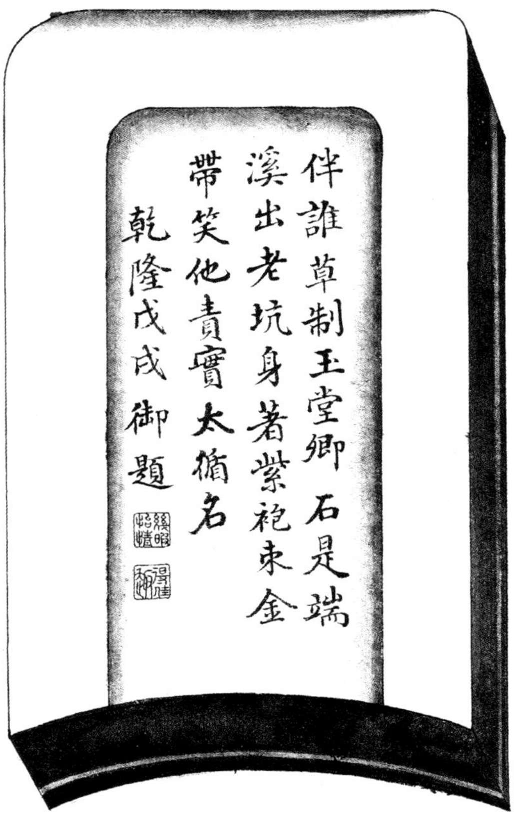
伴誰草制玉堂卿石是端
溪出老坑身著紫袍束金
帶笑他責實太循名
乾隆戊戌御題

宋端石紫袍金帶硯說

硯高七寸寬四寸八分厚一寸一分宋老坑端石色類紫金琢為硯瓦式受墨處橢圓如瓜上為墨池墨鏽深厚硯背下方插手處稍穹起兩趾離几僅分許中鐫

御題詩一首楷書鈐寶二曰幾暇怡情曰得佳趣匣蓋並鐫是詩隸書鈐寶二曰乾隆是硯側面周圍金線紋一道明潤勻整與文天祥玉帶生硯相似而彼係白脈此則黃紋取象稍別宋時坑石每有此種然流傳絕少洵奇品也

宋端石列宿硯正面圖 繪圖十分之五

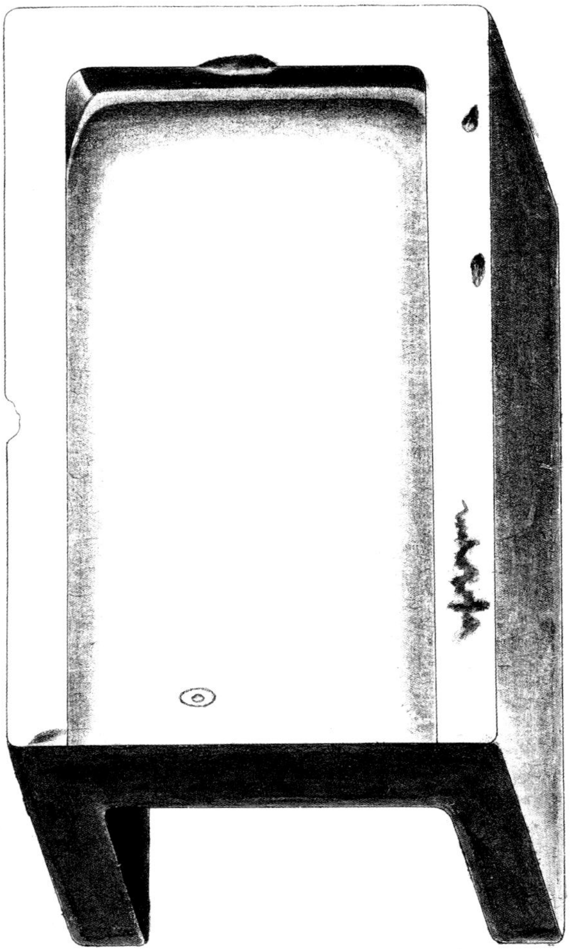

宋端石列宿硯背面圖

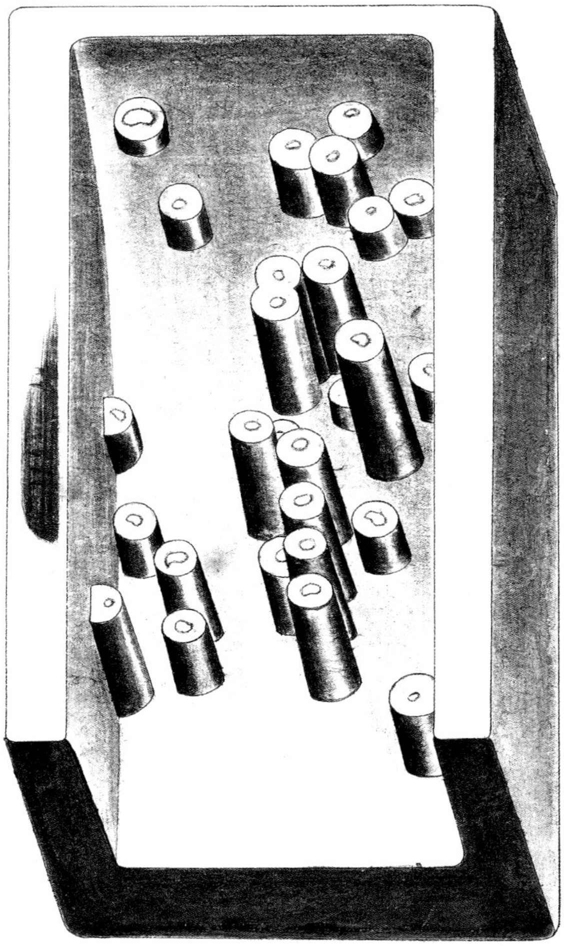

宋端石列宿硯上方側面圖

阬石樸完誰
則理之刻以
列宿誰則使
之墨銹氤氳
誰則以之辭
彼粹茲誰則
徙之求全有
毀誰則止之
乾隆戊戌仲
春御銘

宋端石列宿硯説

硯高九寸寬五寸八分厚二寸四分宋老坑端石側理爲之通體俱有蕉葉紋左右斜帶黄龍紋硯面墨池上及兩邊俱微有刓缺下方鸜鵒活眼一覆手刻柱二十七柱各有眼側上方鐫

御題銘一首楷書鈐寶二曰會心不遠曰德充符是硯石材瑰

廣活眼蕉紋形製亦佳便作擘窠大書宋蔡襄帖云大硯
盈尺風韻可掬者此其近之矣亟蓋鐫
御題銘與硯同隸書鈐寶二曰乾隆

宋端石石渠秘閣硯正面圖 繪圖十分之六

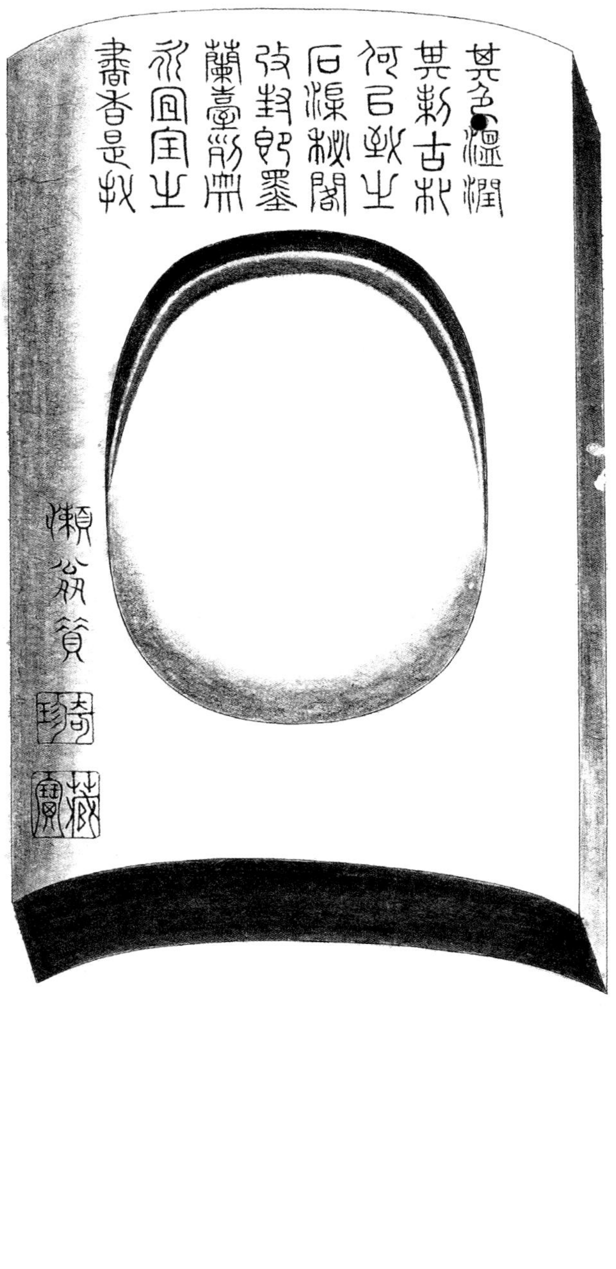

宋端石石渠秘閣硯背面圖

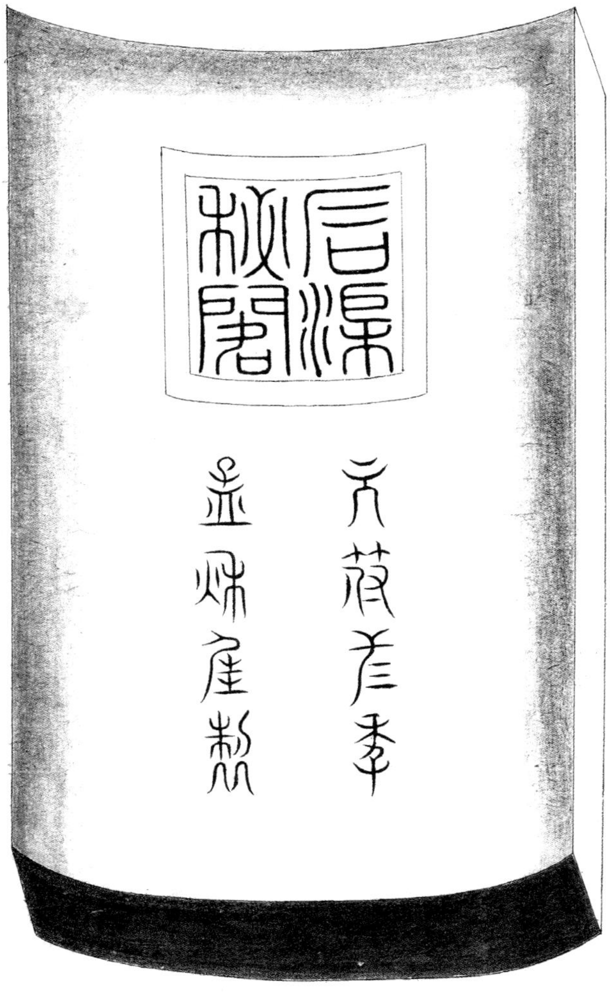

宋端石石渠秘閣硯側面圖

宋端石石渠秘閣硯說

硯高八寸五分寬五寸七分厚九分宋端溪石也製仿漢未央瓦硯式穹起離几三分許受墨處橢圓上為墨池如偃月硯首鐫贊三十二字左下方鐫瀨翁贊三字款俱篆書下有奇珎二字寶蔵二字大小方印二硯背鐫石渠秘閣方印一下鐫元符三年孟秋佳製八字篆書側面周鐫

御題銘一首楷書鈐寶一曰乾隆宸翰考元符為宋哲宗紀年硯鐫石渠秘閣印當係其時三館官硯瀨翁無考亟盖鐫

御題銘與硯同隸書鈐寶二曰乾隆

瀨翁贊　其色温潤其製古朴何以致之石渠秘閣改封即墨蘭臺列冊永宜寶之書香是托

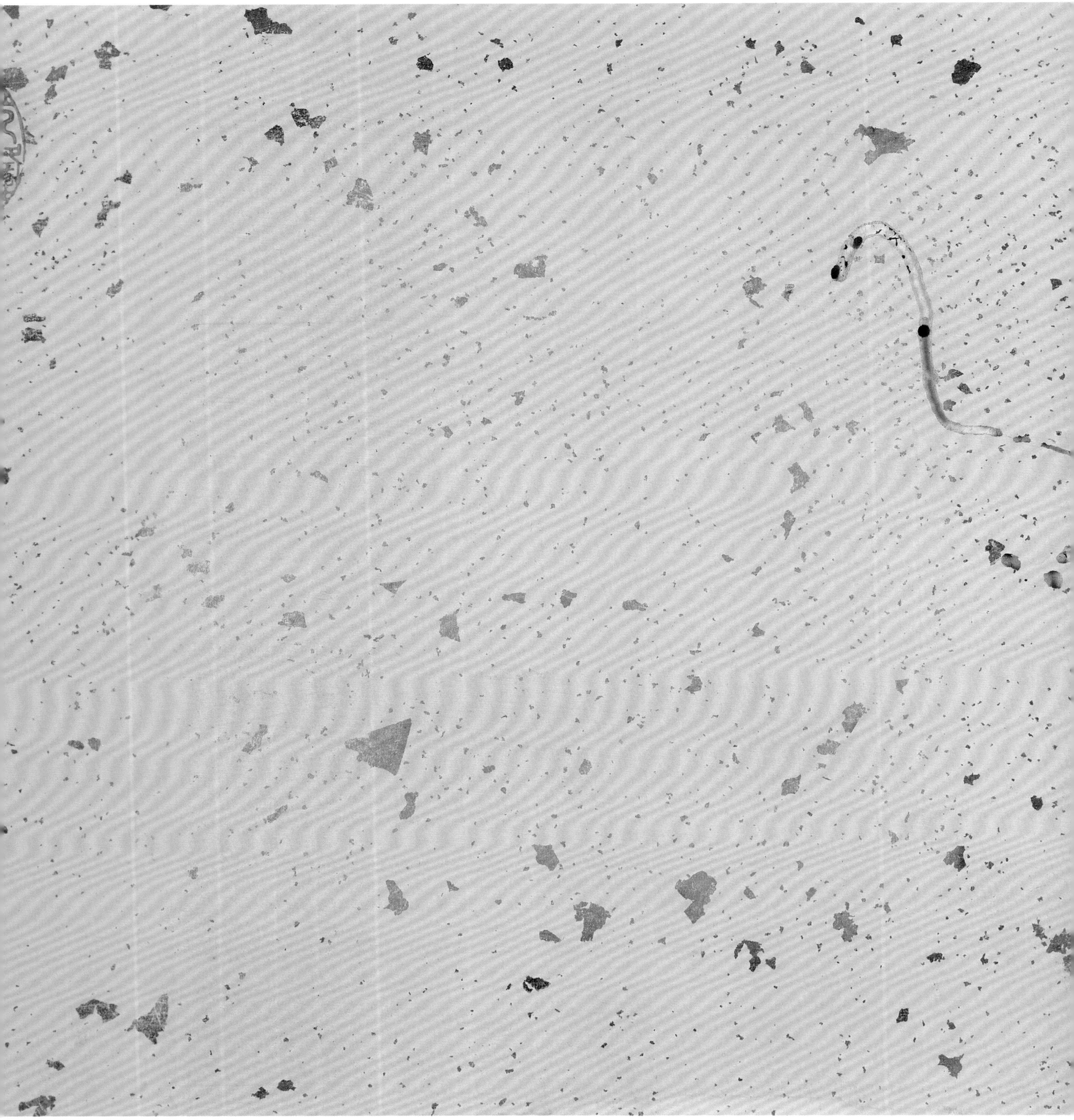

清乾隆仿古六砚初探

◎张 浩

内容提要：清乾隆时期内廷造办处制作了数量众多的仿古砚，其中仿自明代高濂《遵生八笺》图绘砚谱的一套乾隆御制仿古六砚尤为突出，并单独著录于《西清砚谱》附录卷二十四。本文依据清代乾隆朝宫廷造办处档案史料及相关文献资料，并结合故宫博物院和台北故宫博物院现存有关实物，拟对乾隆时期仿古六砚的创制过程做初步探究，并尝试还原乾隆中后期这一重大历史文化工程的本来面貌。

关键词：仿古六砚　玉兔朝元　澄泥　西清砚谱

砚为文房最要之具，清乾隆时期内廷造办处有大量仿古砚的制作，其中最为出名的就是本文所要述及的清乾隆仿古六砚，在清宫档案中此套仿古六砚多被记述为『玉兔朝元砚一分（份）』。此套仿古六砚是在乾隆皇帝亲自监督指导下创制完成的，从其创烧成型到批量制作前后历经十五年之久，为此整个国家投入了大量人力、物力、财力进行研发制作。清乾隆仿古六砚存世量之大、影响力之广，实可作为乾隆时期御制仿古砚的一个典型代表。关于仿古六砚的研究成果可参考赵丽红《清乾隆时期仿古砚制作初探》[1]和王嘉乐《清代古砚鉴藏与仿古砚成造》[2]两篇文章，两文均以造办处档案史料为主要研究资料，研究内容限于苏州地区制作仿古澄泥砚部分。本文主要依据清代宫廷造办处档案史料及相关文献资料，对仿古六砚的整个创制过程做一个简单的梳理并试图复原其历史本貌，兼顾探究一下仿古六砚的铭文、包装、用途、存放等相关问题。

一

清乾隆仿古六砚具体包括仿汉石渠阁瓦砚、仿汉未央砖海天初月砚、仿唐八棱澄泥砚、仿宋玉兔朝元砚、仿宋天成风字砚、仿宋德寿殿犀纹砚六方砚台。仿古六砚材质以澄泥为主，兼有端石、歙石及少量其他石料。其原型取自明高濂《遵生八笺》一书中《燕闲清赏笺》中卷『论砚』的相关砚式：汉未央宫砖头砚、汉石渠阁瓦砚、唐澄泥八角大砚、宋玉兔朝元砚、宋天成白玉风字砚、宋德寿殿犀纹石砚。仿古六砚为乾隆时期御制仿古砚之集大成者，为乾隆皇帝所珍视。《西清砚谱》卷二十四附录专门收录三套清乾隆仿古六砚，其中端、歙石砚两套、澄泥砚一套，足可见其在乾隆时期仿古砚中之重要地位。清乾隆仿古六砚的制作初创于乾隆四十年（1775年）二月，终止于乾隆五十五年（1790年）三月，前后历时十五年之久。按其产生发展过程大致可分为以下三个时期。

（一）初创期（乾隆四十年至乾隆四十一年，即1775—1776年）

乾隆四十年（1775年）二月二日，『太监胡世杰交海天浴日端砚一方，传旨着照端砚样式成做砚几方，亦照样配紫檀木砚盒』[3]。这条档案记载应为关于清乾隆时期仿古六砚创制的最早记录。二月六日懋勤殿提供石砚三方，造办处画粉道估料并做成一方呈览。皇帝下旨『砚不必做，俟翰林院拟得样时再做，其原样交宁寿宫陈设』[4]。由此可知乾隆皇帝于乾隆四十年初萌生制作仿古套砚的想法并开始着手尝试，最初是选择了一方清宫旧藏海天浴日端砚来仿制，这方端砚即为《西清砚谱》卷十六著录的旧端石海天浴日砚（宁寿宫存）[5]，与档案记载相符。因乾隆皇帝觉得不满意而最终放弃此方案。二月二十一日造办处『将为做未央宫砖头等砚十二方挑得懋勤殿砚大小十一方，上画粉道随砚样六张持进呈览』[6]。可知在此期间，翰林院已经拟出新的仿古套砚制作方案，即参考《遵生八笺》之《燕闲清赏笺》中卷的未央宫砖头砚等六幅图绘砚式创制并画成砚样六张。前人所著砚谱往往记详于说而略于图，高濂的《遵生八笺》一书中有奇砚图20方，比较直观明朗，因此也博得了翰林院众学士的认可，最终成为乾隆仿古六砚的最初蓝本。这一制作方案最终获得了皇帝的首肯，遂下旨照样准做。至此清乾隆仿古六砚的数量、样式已基本确定，而此时其名称在清宫档案中还仅仅是『未央宫砖头等砚』。

懋勤殿挑出的这11方石砚估料可做仿古六砚两套。二月二十七日造办处交德寿殿犀纹砚砚坯两方及画纸样一张，『奉旨照画样成做阳文花纹』[7]。三月六日造办处交玉兔朝元砚并石渠阁瓦砚砚坯，『奉旨玉兔朝元砚上面做素的，不要水池，底面做成阳纹花纹，瓦砚照样准做，得时交苏州照样成做澄泥砚』[8]。由此可见仿古六砚最初的每一个制作细节都是由乾隆皇帝亲自审定，并从一开始就产生了最终成型后拟交苏州使用澄泥材质批量制作的想法。澄泥砚以沉淀千年的黄河渍泥为原料，经特殊炉火烧炼而成。质坚耐磨，观若碧玉，抚若童肌。乾隆皇帝曾赞其『抚如石，呵生津。其功效可与石砚媲美，此砚中一绝』。

四月十三日，未央宫砖头砚等12方砚坯呈览给乾隆皇帝，『奉旨着照样再做六方』[9]。于是四月十九日造办处又选得旧石砚三方，画粉道准备用于制作第三套仿古六砚。同日首批两套仿古六砚业已做得呈览并交懋勤殿拟名刻款。五月二十一日，第三套仿古六砚做得呈览并交懋勤殿拟名刻款。同日，乾隆皇帝下旨：

> 朕阅四库全书馆所进之书内，《贾氏谭录》载云，绛县人善制澄泥砚，缝绢囊置汾水中，踰年而后取沙泥之细者已实囊矣，陶为砚，水不涸焉等语。澄泥制法昔人既笔之于书，其说自不妄。绛县系山西所属，其法至今是否流传土人，尚能得其遗制否？著传谕巴延三留心寻访。如尚有旧制之砚，则随便陪取数方呈进；若已无世业之家，即觅妥人依《谭录》所载做法试仿为之，一年之后能否成材，再行据寔覆奏。将此遇奏事之便传谕知之，钦此[10]。

巴延三，爱新觉罗氏，清朝宗室，颇受乾隆皇帝的赏识，乾隆三十八年（1773年）署理山西巡抚。至此，在三套石质仿古六砚经造办处制作完成后，皇帝着手为后续苏州批量制造澄泥仿古六砚寻找更满意的古制法和优质原料。乾隆仿古六砚最初的制作选择懋勤殿藏各种旧石砚为材质，简单方便易于操作，造办处工匠也足以胜任。

七月底皇帝下旨将做得的玉兔朝元等砚三份『由报发来交于敏中写砚铭』[11]。砚铭区别于砚名，是指刻于砚台正背面的乾隆御题诗。这是造办处档案中首次以『玉兔朝元等砚』作为仿古六砚的代称并依此沿用。八月二日下旨照样再做一份，也就是第四套仿古六砚，依旧采用石质，于九月二十六日做得呈览。对于已制成的四套石质仿古六砚，乾隆皇帝要求『一分配紫檀木包袱式砚盒刻阳文字，一分配树根式砚盒，两分配素砚盒，俱刻阳文字填金』[12]，『奉旨树根式盒并素盒俱照样往熟里做不必刻签子，其包袱式盒另画有签子盒样呈览，做时每分砚盒俱要一般高』[13]。十一月二十五日，造办处挑得古玉12件，用于镶嵌在配素紫檀木砚盒的两份仿古六砚砚盒盖上，并于十一月二十八日镶嵌完成交懋勤殿刻字。十二月十五日其中一份开始配紫檀木雕龙纹罩盖匣，并于乾隆四十一年五月做得呈览，交懋勤殿刻字、签大小边线。另外两份仿古六砚的砚盒制作因其工艺复杂要求较高，配紫檀木树根式砚盒的一份于十二月十六日做得呈览，并奉旨交盘山陈设。配紫檀木包袱式砚盒的一份于十二月二十七日做得呈览，交懋勤殿写签子刻阳文字，并于乾隆四十一年二月刻字完成，着手配紫檀木雕博古纹罩盖匣，最终于乾隆四十一年（1776年）九月完工呈进交淳化轩存放。这份特殊的仿古六砚据其砚石材质和砚盒样式判断，恰似为现今存于台北故宫博物院的一套端、歙石仿古六砚，而据其砚铭和石质比对，与《西清砚谱》卷二十四著录的储存于宁寿宫的一套端、歙石仿古六砚也完全一致，至于其存放地点记载不同的问题，笔者认为或者砚谱著录的两套端、歙石仿古六砚后期有过交换摆放的情况，而且宁寿宫的仿古六砚曾作为做样砚发往苏州参考。

至此清乾隆仿古六砚前后耗费将近一年半的时间，经过各个环节反复修改、确认最终初创完成。由造办处制作的这四套石质仿古六砚，砚盒、砚铭、镶嵌玉、外套罩盖匣均已定型并获得皇帝的认可。下一步就要着手批量制作澄泥仿古六砚了，而此时关于山西寻古制法及其澄泥原料的回复却迟迟未得到上报。于是乾隆四十一年八月二十六日皇帝再下谕旨：

上年夏间朕批阅四库全书……现在于各处寻访一得其人，能否如法仿制未据奏及。如果试有成效，即将制就之澄泥呈进数块以备砚材之用。将此遇便传谕巴延三知之，钦此。

由此可知山西巡抚巴延三寻访仿制古法澄泥的任务也并非一片坦途，最初也曾购进澄泥旧砚若干批呈进内廷，后被叫停，遂开始尝试依古法仿制澄泥。此后不久，山西巡抚于乾隆四十一年九月第一次呈进新仿制澄泥砚原料8块，乾隆四十二年七月初八日，有一则谕旨是让巴延三『陆续仿造』，『并可每年造送也』。于是从四十二年九月开始逐年按例进贡澄泥砚材18块直至四十六年，于四十七年九月开始逐年按例进贡澄泥砚材27块直至五十一年。关于山西呈进澄泥砚材为何选在九月，可见一条档案记载，乾隆四十六年陕西巡抚雅德称『每年九月间预令绛州及稷山、河津二县，各制绢囊安放河流滞缓之处，收取澄泥，兹自上年九月至今已届一年期满。试得净细砚材一十八块。奴才仍令该州县等多备绢囊，如法浸取，俟明岁届期再行恭进』[14]。通过档案可知，山西新仿制澄泥以一年为一个周期，得来十分不易，这也是后继乏力的主要原因。正是雅德在任山西巡抚期间，为讨取皇帝欢心，将本省年贡澄泥砚材的任务加大到27块，竭泽而渔，劳民伤财。

（二）完善期（乾隆四十二年至乾隆四十四年，即1777—1779年）

乾隆皇帝此时如此热衷于对澄泥砚的仿制，应与其个人兴趣爱好的转变有着较为直接的关系。根据乾隆御题诗咏所称『四十年始用澄泥习字』，并赞誉澄泥砚『汾水之泥，墨池之制，色古质润，体轻理致，比玉受墨，较石宜笔，临池虽助，书法实愧，更予戒哉，玩物丧志』[15]。可见乾隆对澄泥砚的评价之高，远在其他玉、石砚之上，认为其非常适宜书法习字。这一时期御制仿古澄泥砚的制作仍以造办处为主，山西负责原材料的仿制，苏州负责成品的改制和做旧，三地分工协作，各自侧重点不同。所做仿古澄泥砚式有石渠砚、龙砚、虎砚、菱花砚、八方砚以及瓶式砚、风字砚等。所用原料一部分为内廷藏旧澄泥，也有山西进贡新仿澄泥。

乾隆四十二年（1777年）一月，皇帝命造办处挑选石砚六方再做一套玉兔朝元砚，并于四月十二日做得，嵌玉配素紫檀木砚盒刻铭一份呈览，交刘浩带往热河收贮。同月命金辉『将乾清宫收贮澄泥要出，照先前做过玉兔朝元砚六方一样成做一分，俱配包袱式花纹砚盒盛装』[16]。这是档案记载中造办处首次试制澄泥仿古六砚，做得后呈览懋勤殿研墨试看，结果是『内瓶式砚、风字砚、瓦砚研墨不好』[17]，『俱性软，研墨落土，着金辉设法往坚硬里收拾』[18]。这套样品的实用性似乎不太理想，这也和山西进新仿澄泥偏软的特性有关。对于此特性早在乾隆四十一年山西首次进贡新仿澄泥后，皇帝即命造办处询问砚匠新交澄泥『照石渠砚坚硬并旧意颜色能做不能做』，砚匠方占吉称『此澄泥性软，系新澄泥砚，颜色旧意成做，用此澄泥加磁面等毁造，经火可坚硬仿旧』[19]。此后造办处遂采用此法毁造澄泥仿古砚数方，但仍旧发墨略差。七月初七造办处『将澄泥玉兔朝元砚一方随制方、窑图、窑说持进面奏』，皇帝下旨将砚『持出成做至所交出之砚俱各补做其制方、窑图、窑说交内务府大臣金简查书编入』[20]。同一时期，苏州织造舒文成做的仿古澄泥砚在上色做旧方面效果突出，因此造办处将大量仿古澄泥砚发往苏州做旧。

乾隆四十二年九月，皇帝传旨『将澄泥十八块，内交金辉八块，照交出玉兔朝元砚一样成做一二分放大成做一二分，其余澄泥十块并玉兔朝元砚一分（宁寿宫藏）俱发往苏州舒文，照玉兔朝元砚一样成做一二分放大成做一二分，得时不必刻字连原样一并发来，其新做之砚俱要本色不必上绿颜色』[21]。这是档案中记载首次开始批量制作澄泥仿古六砚，交造办处和苏州分别制作，所用18块澄泥原料为山西岁贡新进仿制澄泥。十月十九日奉旨照样再做石砚三份，挑选各式砚13方于十二月十六日做得呈览交懋勤殿刻诗。同日下旨再做石砚三份，挑得各式砚18方，分别于乾隆四十三年(1778年)二月、三月、四月做得刻铭并于六月将此石砚六份分别赏赐近臣阿桂、于敏中、李侍尧、福隆安、梁国治、和珅，每人一份[22]。至此石质仿古六砚的制作暂告一段落。据档案记载，造办处前后共计制作11套。不含地方进贡者，如乾隆四十三年四月江苏巡抚闵鄂元呈进玉兔朝元花石砚、石砚各一份，配紫檀木砚盒带往热河、盛京[23]。

造办处拨得的8块澄泥原料，于乾隆四十三年五月做得大号小号各两份呈览交懋勤殿刻诗，并于七月将刻好字的四份呈览奉旨赏庄亲王、諴亲王各一份，其余两份配紫檀木盒盛装并各挑选镶嵌玉六件做得，分别安放在圆明园和静明园。苏州拨得的10块澄泥原料，于乾隆四十三年十月二十九日做得两份，随做样砚送到宫中，于四十五年（1780年）又做得两份分别呈进。四十三年做得的砚交懋勤殿研墨试看，『俱性软吊泥，样砚交宁寿宫，澄泥砚二分，一分交金辉另行烧造，一分仍交舒文烧做。务要坚硬。再传与全德，苏州现做未完澄泥砚，俱要成做坚硬，做得时研墨试看妥再行送来』[24]。可见关于新仿澄泥原料性软的问题，此时还未得到解决。十二月闵鄂元进贡玉兔朝元砚12方，随素紫檀木嵌玉砚盒，用雕龙凤呈祥紫檀木匣一对盛装安放养心殿[25]。同月传旨『做木样一分，刻得砚铭交萨载，并新做得澄泥砚一分，奉旨俱交萨载照样成做，放大或收小，成做得将砚铭刻上，俟得时陆续呈进』[26]。

四十三年十月二日将巴彦三进贡的澄泥18块『交苏州织造舒文随意成做澄泥砚送来不要俗气』[27]。这是档案记载中第二次批量地将山西新进仿制澄泥原料发往苏州使用。此时造办处已不再承担澄泥仿古六砚的制作任务。此外侍郎金简述及：『前舒文来京陛见时伊说，传做澄泥砚所以坚硬者，系用彼处所出之石成做等语，今次发去澄泥，务着舒文用此泥成做之处。』[28]这似乎是苏州方面对于此前所进澄泥仿古六砚性软的回应。苏州本地有制作金砖的传统，系用当地澄湖的泥土所为，而此澄泥非彼澄泥。乾隆皇帝还是希望遵循古法制作，用真正的山西古法澄泥制作仿古六砚。

乾隆四十四年（1779年）四月初八日传旨：『着问金辉成做过澄泥砚共多少方与何处安设，再现今成做澄泥砚有无之处，查明回奏』[29]。『随查得四十一年十一月二十九日做过澄泥玉兔朝元砚一分，随嵌玉砚盒配得楠木外套匣交香山。四十二年九月三十日做过大小号澄泥玉兔朝元砚各二分，赏庄亲王一分，赏諴亲王一分，一分配得嵌玉刻字砚盒嵌玉竹丝外套匣交圆明园陈设，一分配得嵌玉刻字砚盒素紫檀木外套匣交静明园陈设。金辉缮写清单一件并苏州新做来一分收拾得坚硬一并呈览。』[30] 金辉缮写的清单与档案记载相符，造办处前后共计成做澄泥仿古六砚 5 份。乾隆四十四年（1779年）六月二十七日苏州带来澄泥砚两方，加用宜兴澄泥三成烧造砚两方呈览奉旨『澄泥砚交苏州全德，将所传做之澄泥砚，俱照加宜兴澄泥三成之法烧造澄泥砚』[31]。这一记载表明苏州采用新法试制澄泥仿古六砚已获得皇帝认可。新的制作方法就是改良山西仿制澄泥原料，按三七比例加入宜兴澄泥三成，以达到增加其坚硬度的效果。此后，苏州呈进的澄泥仿古六砚均为加三成宜兴澄泥所造，也即现今所称宜兴紫砂澄泥。乾隆四十四年七月二十八日萨载差人送到新做澄泥砚大小三份（随盒并外套匣铭摹拓册页三份）和澄泥玉兔朝元砚一份（砚样）[32]。十月初八将澄泥 18 块『交苏州织造全德随意成做澄泥砚送来』[33]，于四十五年底苏州做得澄泥砚十方呈进分赏阿哥们。这是档案中记载第三次批量将山西新进仿制澄泥发往苏州制作仿古澄泥砚，也从中能够看出皇帝对于制作澄泥仿古六砚终获成功之后的欣喜之情。

（三）发展期（乾隆四十五年至乾隆五十五年，即 1780—1790 年）

从乾隆四十五年（1780 年）开始，造办处档案中开始逐年逐月有关于苏州成做进贡的澄泥仿古六砚的情况记载，数量逐年递增，规律性也越来越强，最终形成定式，即每月进贡澄泥仿古六砚大小各一份，每年进贡 24 份。规制化制作呈贡是在乾隆五十一年至五十四年（1786—1789 年），也是澄泥仿古六砚制作的鼎盛时期，同时也是山西新进仿制澄泥消耗最快的时期。

乾隆四十五年五月初十，苏州送到刻字澄泥玉兔朝元砚 6 方，奉旨交万寿山。六月初七，苏州送到放大成做澄泥玉兔朝元砚 6 方，奉旨交内务府大臣金简，照京内现有玉兔朝元砚上诗句一样刻诗文。十月初八，『将澄泥十八块发往苏州交全德照样成做大小号几分，足做几分做几分』（苏州分别于乾隆四十六年五月二十九日、六月十日、七月三日、十一月二十七日以及四十七年一月二十六日送到大小套砚各一份）[34]。另外，四十五年十二月二十四日苏州送到澄泥玉兔朝元砚一份。

乾隆四十六年（1781 年）五月、六月、七月、十一月苏州分批送到大小套砚各一份。另乾隆四十六年《宫中进单》记载：『山西按察使，臣袁守诚跪进，御制铭澄泥砚十八方三匣。』这也应该是澄泥仿古六砚三份。

乾隆四十七年（1782年）一月送到大小套砚各一份。六月二十三日，苏州送到澄泥玉兔朝元砚两份，交殿刻字后，交万寿山一份、香山一份。十月，『将澄泥二十七块发往苏州成做澄泥砚，足做几分做几分送来』（苏州分别于乾隆四十八年八月六日，五十年二月二十七日、六月十日、八月八日、九月二十七日、十一月二十七日、十二月二十八日送到大小套砚各一份）[35]。十二月二十五日苏州送到大小号澄泥玉兔朝元砚各一份，交殿刻诗后，交圆明园一份、静明园一份。同日『再传与苏州织造四德嗣后成做澄泥砚不必做瓦砚，俱做玉兔朝元砚送来』[36]。

乾隆四十八年（1783年）三月二十五日，苏州送到澄泥玉兔朝元砚大小两份交殿刻款。五月十三日还有一则记载很有意思，交玉兔朝元石砚6方（随红木匣），应为之前制作的半成样品。皇帝传旨将腰圆砚和长方砚交崇文门变价，其余4方配紫檀木砚盒嵌玉交殿刻诗呈进，交宫内换摆[37]。八月五日，苏州送到大小号澄泥砚各一份交殿刻诗。十月九日，苏州送到大小号澄泥砚各一份交盛京摆。十月十九日，『将澄泥二十七块交苏州四德成做澄泥砚送来』（苏州分别于乾隆五十一年一月二十七日、二月二十七日、四月二十七日、五月二十七日、六月二十六日、七月三日、七月二十七日、九月十二日、十月二十七日、十一月二十八日以及十二月二十七日送到大小套砚各一份）[38]。

乾隆四十九年（1784年）一月二十四日，苏州送到澄泥玉兔朝元砚大小两份交殿刻字。四月二十六日，苏州送到澄泥玉兔朝元砚大小两份交殿刻字。九月初六，苏州送到澄泥玉兔朝元砚大小两份交殿刻字。十月初六，『将澄泥二十七块交苏州织造四德做澄泥砚送来』（苏州分别于乾隆五十二年一月二十七日、二月二十五日、三月二十八日、四月二十七日、六月三日、七月五日、八月一日、九月十三日、九月二十八日、十月二十七日、十一月二十八日、十二月二十六日送到大小套砚各一份）[39]。十月二十七日，苏州送到澄泥玉兔朝元砚大小两份交殿刻字。十二月二十六日，苏州送到澄泥玉兔朝元砚大小两份交殿刻字。另乾隆四十九年《贡档进单》记载：『湖广总督特成额恭进澄泥砚一盒计（十二方）』，『谢墉跪进御制铭澄泥砚六方（臣谢墉敬书恭镌）。』这些都应该是澄泥仿古六砚。

乾隆五十年（1785年）二月、六月、八月、九月、十一月、十二月苏州分批送到大小套砚各一份。十月九日，『将澄泥二十七块发往苏州成做澄泥砚送来』（苏州分别于乾隆五十三年一月二十七日、二月二十四日、三月二十七日、四月二十八日、六月三日、七月八日、八月八日，五十四年七月三日、七月二十八日、九月五日、十月二十五日、十一月十七日、十二月二十四日送到大小套砚各一份）[40]。另乾隆五十年《贡档进单》记载：『和珅跪进澄泥砚十二方。』应是澄泥仿古六砚两份。

乾隆五十一年（1786年），共计11次，苏州分批送到澄泥玉兔朝元砚大小各一份，有的刻诗，有的没有刻字。十月初六日，『将澄泥二十七块（福崧进）交苏州织造四德成做澄泥砚送来』（苏州分别于乾隆五十三年九月十日、九月二十八日、十月二十七日、十一月二十七日、十二月二十七日，五十四年一月二十七日、二月二十七日、三月二十六日、四月二十七日、五月二十六日、六月六日送到大小套砚各一份）[41]。

乾隆五十二年（1787年），共计12次苏州分批送到澄泥玉兔朝元砚大小各一份，分赏京畿各处行宫。

乾隆五十三年（1788年），共计12次苏州分批送到澄泥玉兔朝元砚大小各一份，分赏河北、山东各处行宫。

乾隆五十四年（1789年），共计12次苏州分批送到澄泥玉兔朝元砚大小各一份，分赏大运河沿线各处行宫，远及苏杭。

乾隆五十五年（1790年）一月、二月、三月苏州分批送到澄泥玉兔朝元砚大小各一份，交各处行宫。三月乾隆皇帝下旨：『澄泥砚嗣后不必成做，钦此。』原因是苏州随呈贡附信内所言：『再苏州陆续成做澄泥砚，现因澄泥无存亦声明前来。』[42]至此，这一历时十五年之久的制砚活动从官方下令终止，此后档案中再无关于仿古六砚制作的记载。

原料的枯竭是这一文化工程终止的直接原因，从乾隆四十二年到乾隆五十一年（1777—1786年），几乎每年的十月初八日前后都有一次批量发往苏州澄泥砚材的记载，前后总计发苏州澄泥原料207块，这些原料最终在乾隆五十五年三月消耗殆尽。关于晚期苏州呈贡的澄泥仿古六砚还有现存实物可供参考，故宫博物院藏的一套砚内附黄纸签墨书：『发下澄泥砚六方，臣等共同阅看，系乾隆年间徽瑞仿古制造呈进者，泥质尚细，陶范亦精，唯火气未退，骤难适用，谨奏。』[43]由此可知，此套砚应为徽瑞在任苏州织造期间呈进的贡砚，因当年不合适用被闲置一边，尚未镌刻砚铭。徽瑞于乾隆五十四年（1789年）由两淮盐政转任苏州织造，此盒套砚当为苏州晚期制品。此外，故宫博物院另藏一套砚，侧刻『臣徽瑞恭进』，其砚盒为紫檀木锦地花纹式砚盒，不同于中晚期苏州例贡使用的紫檀木嵌玉素砚盒，应为地方督抚定制贡品。

二

通过对乾隆朝造办处档案的梳理，笔者对于乾隆中后期兴起的这一制砚文化活动有了更为深入的理解。在还原其历史本貌的同时，笔者也对乾隆仿古六砚的一些细节有了更多的新认识。简要叙述如下。

（一）仿古六砚的制作流程

通过档案记载可知，每一套乾隆仿古六砚的制作都是按照统一标准流程制作，丝毫马虎不得，分工明确，各司其职，且有专人成做验收，最终都要呈览乾隆皇帝亲自审阅。就像所有宫廷制器一样，仿古六砚的制作不惜工本，追求极致。一套完整的制作流程大概可分为挑选原料、拟定画样、估料画粉道、制作砚坯、加工成型、交殿刻款、选配砚盒、嵌玉刻铭、配罩盖匣等步骤。从选料到最终配好外套罩盖匣，短则两三个月多则一年之久。工序的繁杂使得每套仿古六砚的制作都耗费了大量的人力、物力、财力。在制作初期，由于每道工序都要皇帝亲自审定，有的还需反复修改，这也是初期无法批量制作和耗时较长的主要原因。到了成熟的中后期，在制式化的标准流程把控下批量制作成为可能，此时皇帝只是在最终呈览时加以简单审定并决定其用途。早期的仿古六砚虽然数量少，但是个性十足，包装纷繁，复杂多样，更能体现出不同的审美风格，中后期的仿古六砚整齐划一，反而缺少了独特的艺术魅力。

（二）仿古六砚的用途

乾隆皇帝制作如此众多的仿古六砚，一方面是因为对澄泥砚的无比热爱，另一方面也是乾隆中后期尊古、崇古、摹古、仿古之风盛行的一种表现。皇帝要做前无古人后无来者的集古今之大成于一体的君王，因此就要把每一件自己感兴趣的事情做到极致。这些套砚主要用于皇帝日常书写批奏和行宫殿堂陈设，也就是满足乾隆自身的喜好。乾隆年间档案中关于仿古六砚赏赐臣工的记载仅有两条，即赏赐两位亲王、六位大臣各一份，且都是早期试制品，更多的赏赐反而是在清代中后期，可见乾隆时期仿古六砚的主要用途仅仅是御用。

（三）仿古六砚的材质

仿古六砚材质有端石、歙石、花石和澄泥之分。端、歙石仿古六砚均为早期制品，所选材质均为懋勤殿旧藏老坑上好的石料，如端溪老坑、歙溪旧坑、歙溪眉子石、端溪紫石等[44]。澄泥仿古六砚成分比较复杂，早期有旧制澄泥，中后期有山西新进仿制澄泥和加宜兴紫砂三成的澄泥，不同时期的澄泥砚颜色和硬度都略有不同。成套的仿古六砚除澄泥材质统一外，端、歙石材质似乎没有统一要求，《西清砚谱》卷二十四著录的两套石质仿古六砚，一套为两方端石、四方歙石，另一套为一方端石、五方歙石[45]。出现这种情况也恰恰说明这些石质仿古六砚主要用于制作样品，所以并没有对材质做太多统一要求。

（四）仿古六砚的尺寸及重量

关于仿古六砚的尺寸在成型后是有大小号之分的，苏州月贡一般也是按照大小号各一份呈进。档案记载中仅有关于石质仿古六砚尺寸的估算以及关于澄泥仿古六砚重量的估算。第一、二套石质仿古六砚中，玉兔朝元砚分别厚六分和五分，八棱澄泥砚厚一寸和八分，未央宫砖头砚厚一寸和八分，德寿殿犀纹砚厚三分和四分，石渠阁瓦砚厚一寸和七分，天成风字砚厚五分。第三套石质仿古六砚未央宫砖头砚厚四分，天成风字砚、八棱澄泥砚、德寿殿犀纹砚均厚八分[46]。《西清砚谱》卷二十四记载宁寿宫藏石质仿古六砚中，未央砖海天初月砚高四寸五分、宽二寸九分，石渠阁瓦砚高四寸五分、宽二寸六分、厚七分，八棱澄泥砚广三寸二分、径二寸八分、厚一寸一分，玉兔朝元砚径三寸二分、厚七分，德寿殿犀纹砚高四寸二分、宽二寸三分、厚六分，天成风字砚高三寸五分、上宽二寸四分、下宽三寸三分、厚八分[47]。与台北故宫博物院藏实物尺寸相比较出入很大。乾隆四十二年造办处『将交出澄泥八块计重三百二十两，料估得成做玉兔朝元砚小号二分用澄泥六十两，大号砚二分用澄泥九十两』[48]。由上可见，档案记载尺寸重量缺乏参考性，还需依照馆藏实物标本来衡量。从故宫博物院藏实物尺寸可知，玉兔朝元砚直径有10.5厘米和12.5厘米之分，厚有1.8厘米和2厘米之分，似乎应为大小号尺寸之分。

（五）仿古六砚的铭文

仿古六砚上的文字分为砚名、砚铭和砚盒铭，砚名比较统一，皆为阴文楷书，刻于砚侧。砚铭由大学士于敏中拟定并与砚盒铭保持一致，均为乾隆关于仿古六砚所作的御制诗文，存在前后三种不同的版本，交换使用。每套仿古六砚选择一版御制诗文，砚铭为阴文楷书。砚盒铭为阴文填金隶书，包袱式砚盒不刻砚铭，刻阳文楷书砚名。外套罩盖匣盖有刻阴文填金四字隶书铭文，也有的不刻字。早期所有文字刻款均交由懋勤殿制刻完成，后期部分有在苏州制刻完成的。三套砚铭列表如下（表一）。

表一 仿古六砚三种版本砚铭一览表

砚名	1 仿古六砚各制铭[49]	2 再题仿古六砚铭[50]	3 仿古式制澄泥砚六仍各为铭[51]
仿汉未央砖海天初月砚	未央之砖，胡为署建安年。或三台之所遗，坠清漳而濯渊，似孙不察，谬为题笺，形则长以椭，声乃清而坚，嘉素质之浑沦，浴初月于海天，师其迹而不承其讹，是亦稽古之一助焉	海天初月升于水，素华朗照清莫比，鄴侯之砖曾无此，谁与题名难拟议，翰筵静用实佳矣，抽思启秘有若是	未央之砖，海天之月，泥岂异其埏埴，魄自永其圆缺，合而为砚，滴露芳辞，咏希逸兮，赋句发清，兴以无歇
仿汉石渠阁瓦砚	其制维何，致之石渠，其用维何，承以方诸，研朱滴露润有馀，文津阁鉴四库书	石渠阁，覆以瓦，肖其形，为砚也，出于琢，非出冶，友笔墨，佐儒雅，思卯金，太乙下	炎刘瓦砚称石渠，汾沙抟埴其式俱，以昔视今旧新殊，由今视昔讵异乎
仿唐八棱澄泥砚	一规内涵八棱砥，琢端匹绛润而理，平水圆璧安足拟	四维四隅，是曰八方，璧水环之，圆于中央，内外各具，深义澄泥，式仿乎唐，此则端溪出旧坑	八棱含璧，外方内圆，唐即澄泥，兹实肖焉，枕葄六艺，修身立言，讵惟玩物，思旅獒篇
仿宋玉兔朝元砚	月之精，顾兔生，三五盈，扬光明，友墨卿，宣管城，浴华英，规而成	小圆大圆如月盈，其中更孕玉蟾形，文房受墨宜管城，宣毫顾处能无情	月中兔兮日中鸡，卯酉其象交坎离，天然配合谁所为，日鸡月兔两弗知，朝元之砚恒如斯，研朱点笔犹繁辞
仿宋德寿殿犀纹砚	琴古之产兮，星文彻端，异种足珍兮，辟尘辟寒，他山可磨兮，如瓶斯受，聊以寓意兮，取诸德寿	砚研理，犀通灵，纯苍玉质，为瓶形，数其典兮德寿，兴我怀兮守口	犀其文，瓶其口，制治谁，宋德寿，伊法书，吾何有，论伊人，吾弗取
仿宋天成风字砚	春之德风，大块噫气，从虫谐声，于凡制字，谷则为雨，润物斯济，石墨相著，行若邮置，岂惟天成，亦有人事，拟而议之，既纯且粹	大块噫气，其名曰风，天成取象，制此陶绨，几批诸纶，绨成君子，之德惕予，衷敢曰万，方无不从	庶征有五风惟殿，休咎之间圣蒙辨，赵宋制斯风字砚，曰时曰恒其义见，漉纱得泥自绛县，爰仿厥式绨几荐，缅想歌熏万民奠，敢恃夸雄一己擅

依据故宫博物院和台北故宫博物院现存实物对比可发现，这三套砚铭的使用也具有一定规律。落乙未年款者，多刻砚铭1，依照淳化轩藏石砚改刻，各种材质均有。落戊戌年款者，多刻砚铭3，依照《西清砚谱》藏澄泥砚改刻，均为澄泥砚。刻砚铭2者，依照宁寿宫藏石砚改刻，各种材质均有，未见有加年款。因此带有干支纪年砚铭的仿古六砚，目前仅见『乙未』和『戊戌』，并非本年所作，只是砚铭使用先后的一种格式而已。

（六）仿古六砚的包装

全套仿古六砚的包装分为内包装和外包装，即砚盒和罩盖匣（也叫外套匣）。砚盒最常用的为素紫檀木嵌玉砚盒，有的刻铭有的不刻。早期所制样品有配紫檀木包袱式砚盒和紫檀木树根式砚盒，实物有配紫檀木锦地花纹式砚盒，仅见数例。包袱式砚盒包装为清宫常见，始创于雍正年间，受日本艺术风格影响。关于砚盒嵌玉，早期所做套砚均由造办处挑选内廷所藏历代古玉使用，乾隆四十五年之后苏州例贡所做套砚应为使用本地玉料。砚盒之外另配有外套匣盛装，一匣盛装六方砚台便于储存携带。据档案记载有紫檀雕龙纹罩盖匣、紫檀博古纹罩盖匣、紫檀雕龙凤呈祥罩盖匣、棕竹镶文竹罩盖匣、黑油金花罩盖匣、楠木外套匣、素紫檀木外套匣等，其中素紫檀木外套匣也是最常见的外包装。档案所载仿古六砚挑选镶嵌玉情况列表如下（表二）。

表二　档案所载仿古六砚挑选镶嵌玉情况一览表

嵌玉年代	嵌玉种类
乾隆四十年十一月二十五日交玉镶嵌十二件[52]（造办处制作四份石质仿古六砚中配素紫檀盒的两份）	汉玉螭虎玦一件、白玉鱼一件、白玉扇器两件、白玉双蝠镶嵌一件、汉玉兽面圆压币一件、汉玉玲珑圆镶嵌两件、汉玉莲珠穿带一件、白玉四喜玦一件、汉玉莲花镶嵌一件、汉青玉圈一件
乾隆四十二年三月二十八日挑得玉镶嵌六件[53]（刘浩带往热河的一份石质仿古六砚）	汉玉蛾一件、白玉蛾一件、白玉螭虎一件、白玉流云镶嵌一件、白玉玲珑镶嵌一件、白玉夔龙圆镶嵌一件

续表二

嵌玉年代	嵌玉种类
乾隆四十三年十月初三日交玉镶嵌六件[54]（造办处制作四份澄泥仿古六砚中配素紫檀盒的一份）	白玉螭虎乳丁半璧一件、汉白玉昭文带一件、汉白玉方镶嵌一件、白玉素璧一件、汉玉圆镶嵌一件
乾隆四十三年十二月初五日挑得内库玉镶嵌五件[55]（造办处制作四份澄泥仿古六砚中配素紫檀盒的一份）	白玉蚕纹璧一件、白玉双夔龙蚕纹佩一件、白玉蚕纹穿带一件、白玉双夔凤乳丁璧一件、白玉双夔凤兽面佩一件
乾隆四十四年正月初八日交玉镶嵌六件[56]（配澄泥仿古六砚）	白玉乳丁璧一件、汉玉螭虎璧一件、白玉螭虎一件、汉玉流云半圆镶嵌一件、白玉螭虎八角镶嵌一件、白玉四喜乳丁璧一件
乾隆四十四年十月二十七日交玉镶嵌六件[57]（苏州制作呈进交金辉再收拾的一份澄泥仿古六砚）	白玉双凤连珠圆镶嵌一件、汉玉螭虎羊骨纽一件、白玉六喜卧蚕璧一件、汉玉螭虎璧一件、白玉螭虎长方镶嵌一件、白玉四喜乳丁璧一件
乾隆四十八年十月二十三日交玉镶嵌四件[58]（早期制作的一份石质仿古六砚中遗留的四方）	白玉三喜乳丁璧一件、白玉圆镶嵌一件、白玉夔龙佩一件、白玉单螭长方镶嵌一件

（七）仿古六砚的制作数量及其安放地点

乾隆时期仿古六砚究竟制作了多少虽无准确数字统计，但通过对档案的梳理，我们也能一窥究竟。石质仿古六砚，因其样品属性，所以制作不多，造办处总计制作11套（不含地方进贡）。澄泥仿古六砚，统计源头比较复杂，仅据造办处和苏州两地所做保守估计应在150套以上。这一实际情况与艺术品流通市场上一直所认为的仿古六砚端、歙多，澄泥少是恰好相反的。澄泥仿古六砚在乾隆五十二年（1787年）之前主要存放于三山五园和盛京、热河等处，从乾隆五十二年起几乎全部存放于京畿及大运河沿线各地行宫。据档案记载大致列表如下（表三）。

表三 仿古六砚制作数量及其安放地点一览表

年代	数量	包装	存放地点	成做者
乾隆四十年（1775年）	石砚4份	紫檀包袱式砚盒 树根式砚盒 嵌玉素紫檀木砚盒	淳化轩 盘山	造办处
乾隆四十二年（1777年）	石砚1份 澄泥砚1份 石砚6份	嵌玉素紫檀木砚盒 包袱式花纹砚盒 素紫檀木砚盒	热河 香山 分赏阿桂等六大臣	造办处
乾隆四十三年（1778年）	花石砚、石砚各1份 石（？）砚2份 澄泥砚4份 澄泥砚2份	嵌玉素紫檀木砚盒 嵌玉素紫檀木砚盒 嵌玉素紫檀木砚盒	盛京、热河 养心殿 赏二亲王、圆明园、静明园 香山	闵鄂元进 闵鄂元进 造办处 苏州
乾隆四十四年（1779年）	澄泥砚3份	嵌玉素紫檀木砚盒		萨载进
乾隆四十五年（1780年）	澄泥砚3份	嵌玉素紫檀木砚盒 紫檀木外套匣	万寿山	苏州
乾隆四十六年（1781年）	澄泥砚8份 澄泥砚3份	嵌玉素紫檀木砚盒		苏州 袁守诚进
乾隆四十七年（1782年）	澄泥砚6份	嵌玉素紫檀木砚盒 紫檀木外套匣	万寿山、香山 圆明园、静明园	苏州
乾隆四十八年（1783年）	澄泥砚6份	嵌玉素紫檀木砚盒 紫檀木外套匣	盛京	苏州
乾隆四十九年（1784年）	澄泥砚10份 澄泥砚1份 澄泥砚2份	嵌玉素紫檀木砚盒 紫檀木外套匣	金山 盘山、汤山	苏州 谢墉进 特成额进
乾隆五十年（1785年）	澄泥砚12份 澄泥砚2份	嵌玉素紫檀木砚盒 紫檀木外套匣	热河、盛京	苏州 和珅进

年代	数量	包装	存放地点	成做者
乾隆五十一年（1786年）	澄泥砚22份	嵌玉素紫檀木砚盒 紫檀木外套匣	梁各庄、秋澜 盘山、汤山 热河 万寿山、香山	苏州
乾隆五十二年（1787年）	澄泥砚24份	嵌玉素紫檀木砚盒 紫檀木外套匣	燕郊、白涧 桃花寺、隆福寺 大新庄、三家店 丫髻山、蔺沟 怀柔县、罗家桥 巴克什营、王家营 双黄寺、黄土坎 什巴里泰、喀喇河屯 赵北口、天津 太保庄、左各庄 台头、杨芬港	苏州
乾隆五十三年（1788年）	澄泥砚24份	嵌玉素紫檀木砚盒 紫檀木外套匣	桐柏村、团河 涿州、紫泉 思贤村、太平庄 绛河、红杏园 德州、李六庄 灵岩、泰安 泉林、中水 泮池、郯子花园 宴子祠、曲陆店 潘村、魏家庄 注经台、万松山 锦春园、高旻寺	苏州

续表三

年代	数量	包装	存放地点	成做者
乾隆五十四年（1789 年）	澄泥砚 24 份	嵌玉素紫檀木砚盒 紫檀木外套匣	金山、焦山 苏州府、惠山 灵岩山、烟雨楼 安澜园、杭州府 圣因寺、龙潭 柳泉、徐州 问官里、郯子花园 波罗河屯、中关 热河、张三营 喀喇河屯、常山峪 要亭、两间房 密云县、南石槽	苏州
乾隆五十五年（1790 年）	澄泥砚 6 份	嵌玉素紫檀木砚盒 紫檀木外套匣	汤泉、蔺沟 黄新庄、半壁店 泉林、中水	苏州

（八）仿古六砚的主要参与者

参与制作仿古六砚的除了不知名匠人外，档案记载中常见者也不过十余人。我们简单看一下这些参与者的身份背景，不难发现，乾隆皇帝从始至终都将这一重大制砚文化工程交给了他最信任的一批满洲亲贵，汉人官僚极少参与，也只有于敏中曾负责拟写砚铭。这些参与制砚的皇帝亲信有内务府大臣金辉、金简兄弟，历任苏州织造舒文、全德、四德、徵瑞，山西巡抚巴延三，江苏巡抚闵鄂元，浙江巡抚福崧和江南河道总督萨载等。其中金氏兄弟主要负责造办处的制砚工作，苏州织造负责苏州的制砚工作，地方督抚负责澄泥原料的仿制兼制砚工作。这些人皆为皇帝的包衣奴才和家人近臣，对于乾隆皇帝的喜好也必定趋之若鹜，极尽奉迎之态，因此在仿古六砚的制作过程中都不遗余力地表现。

结　语

清乾隆仿古六砚是乾隆朝中后期的一项重大历史文化工程，正如乾隆四十三年开始编纂的《西清砚谱》卷二十四中臣工们所描述的：『谨案以上六砚，并出内府，旧藏佳石，如式仿制，或端或歙，质不必同，而惟妙惟肖，各臻其极，登诸缔几，宠以天章，且屡命仿造，石友六君，接轸文囿，真艺林不朽盛世云。』[59]乾隆仿古六砚，上承汉唐宋，下迄康乾盛世，其意蕴深厚，影响深远，体现了乾隆朝太平盛世之繁荣景象。仿古六砚的制作巅峰是在乾隆四十五年至五十五年（1780—1790年）之间，恰恰也是乾隆帝七十、八十大寿前后，映衬了这位古稀天子晚年泽古怡情的精神世界。乾隆仿古六砚是清代中期政治、经济、文化、科技蓬勃发展的产物，正如同一时期编纂完成的《西清砚谱》一样，为后世研究了解乾隆时期宫廷砚文化提供了重要参考。

附表　《西清砚谱》及故宫博物院和台北故宫博物院所藏仿古六砚一览表

编号	来源	材质	数量	铭文	包装	其他特征
1	西清砚谱卷二十四	八棱澄泥、未央砖端石，其余歙石	6	再题仿古六砚铭	砚盒盖外有阳文砚名，砚盒底内刻『乾隆御用』砚铭	宁寿宫存
2	西清砚谱卷二十四	八棱澄泥端石，其余歙石	6	仿古六砚各制铭	砚盒盖外有砚名；砚盒底内刻『乾隆御用』砚铭，底外有砚名	淳化轩存
3	西清砚谱卷二十四	澄泥	6	仿古式制澄泥砚六仍各为铭，戊戌，戊戌仲夏	砚盒盖外有砚名	
4	台北故宫博物院	八棱澄泥、未央砖端石，其余歙石	6	再题仿古六砚铭	紫檀包袱式砚盒，砚盒盖外有阳文砚名，盖内刻砚铭，砚盒底内刻『乾隆御用』砚铭	内附《西清砚谱》著录黄签，疑似宁寿宫原物
5	故宫博物院	澄泥	6	仿古六砚各制铭，乙未	素紫檀盒嵌玉刻砚铭，素紫檀罩盖匣	八棱澄泥、玉兔朝元砚盒嵌玉靠上，罩盖匣刻『萃珍含润』

续附表

编号	来源	材质	数量	铭文	包装	其他特征
6	故宫博物院	澄泥	6	仿古式制澄泥砚六仍各为铭，戊戌春	素紫檀盒嵌玉刻砚铭，素紫檀罩盖匣	石渠阁瓦砚盒嵌玉缺失，罩盖匣刻『香挹清芬』
7	故宫博物院	端、歙石或澄泥	6	仿古六砚各制铭，乙未	素紫檀盒嵌玉刻砚铭，雕龙纹紫檀罩盖匣	玉兔朝元砚盒嵌玉缺失，罩盖匣刻『涵光漱润』
8	故宫博物院	澄泥	6	仿古六砚各制铭，乙未	素紫檀盒已刻砚铭，未嵌玉	
9	故宫博物院	澄泥	6	再题仿古六砚铭	紫檀锦地花纹砚盒	砚侧刻『臣徵瑞恭进』
10	故宫博物院	澄泥	6		素紫檀盒嵌玉未刻砚铭	内附黄签，上书『徵瑞仿制』
11	台北故宫博物院	澄泥	1	仿古式制澄泥砚六仍各为铭	素紫檀盒嵌玉刻铭	未央砖
12	故宫博物院	澄泥	1		素紫檀盒嵌玉未刻铭	玉兔朝元
13	故宫博物院	澄泥	1	仿古式制澄泥砚六仍各为铭，戊戌春	素紫檀盒嵌玉刻铭	玉兔朝元
14	故宫博物院	歙石	1	仿古六砚各制铭	素紫檀盒嵌玉刻铭	德寿殿犀纹砚盒，内附《西清砚谱》著录黄签，疑似淳化轩原物
15	故宫博物院	端石、歙石	3	再题仿古六砚铭	无盒	玉兔朝元、未央砖、石渠阁瓦
16	故宫博物院	端石、歙石	2	仿古六砚各制铭	无盒	八棱澄泥

注：本表所选实物除西清砚谱卷二十四所载三套外，均为故宫博物院和台北故宫博物院近年展览或出版物所刊布的实物，笔者收集到故宫博物院和台北故宫博物院旧藏仿古六砚图版共计七套完整及九方零散，因版权原因图片不能呈现。对于其他各地馆藏零散仿古六砚及市场拍卖所见的仿古六砚，鉴于大多不能确认为乾隆本朝所制，因此本表未予收集。

注释：

[1] 赵丽红：《清乾隆时期仿古砚制作初探》，《故宫学刊》2017年第18辑。

[2] 王嘉乐：《清代古砚鉴藏与仿古砚成造》，《江汉论坛》2021年第2期。

[3] 中国第一历史档案馆、香港中文大学合编：《清宫内务府造办处档案总汇》第38册，人民出版社，2007年，第456页。

[4] 中国第一历史档案馆、香港中文大学文物馆合编：《清宫内务府造办处档案总汇》第38册，人民出版社，2007年，第457页。

[5]《西清砚谱》，上海书店出版社，1991年，第286—287页。

[6] 中国第一历史档案馆、香港中文大学文物馆合编：《清宫内务府造办处档案总汇》第38册，人民出版社，2007年，第457页。

[7] 中国第一历史档案馆、香港中文大学文物馆合编：《清宫内务府造办处档案总汇》第38册，人民出版社，2007年，第457页。

[8] 中国第一历史档案馆、香港中文大学文物馆合编：《清宫内务府造办处档案总汇》第38册，人民出版社，2007年，第458页。

[9] 中国第一历史档案馆、香港中文大学文物馆合编：《清宫内务府造办处档案总汇》第38册，人民出版社，2007年，第458页。

[10] 中国第一历史档案馆藏《为遵旨访购澄泥遗砚情形事》，乾隆四十年六月初二日，朱批奏折，档案编号04-01-14-0042-085号。

[11] 中国第一历史档案馆、香港中文大学文物馆合编：《清宫内务府造办处档案总汇》第38册，人民出版社，2007年，第459页。

[12] 中国第一历史档案馆、香港中文大学文物馆合编：《清宫内务府造办处档案总汇》第38册，人民出版社，2007年，第459页。

[13] 中国第一历史档案馆、香港中文大学文物馆合编：《清宫内务府造办处档案总汇》第38册，人民出版社，2007年，第460页。

[14] 中国第一历史档案馆藏《为恭进澄泥砚材事》，乾隆四十六年九月二十五日，奏折录副，档案编号03-0353-004。

[15] 赵丽红：《清乾隆时期仿古砚制作初探》，《故宫学刊》2017年第1期。

[16] 中国第一历史档案馆、香港中文大学文物馆合编：《清宫内务府造办处档案总汇》第40册，人民出版社，2007

年，第534页。

[17] 中国第一历史档案馆、香港中文大学文物馆合编：《清宫内务府造办处档案总汇》第39册，人民出版社，2007年，第702页。

[18] 中国第一历史档案馆、香港中文大学文物馆合编：《清宫内务府造办处档案总汇》第40册，人民出版社，2007年，第725页。

[19] 中国第一历史档案馆、香港中文大学文物馆合编：《清宫内务府造办处档案总汇》第39册，人民出版社，2007年，第699页。

[20] 中国第一历史档案馆、香港中文大学文物馆合编：《清宫内务府造办处档案总汇》第39册，人民出版社，2007年，第701页。

[21] 中国第一历史档案馆、香港中文大学文物馆合编：《清宫内务府造办处档案总汇》第40册，人民出版社，2007年，第227—228页。

[22] 中国第一历史档案馆、香港中文大学文物馆合编：《清宫内务府造办处档案总汇》第39册，人民出版社，2007年，第702页。

[23] 中国第一历史档案馆、香港中文大学文物馆合编：《清宫内务府造办处档案总汇》第41册，人民出版社，2007年，第306页。

[24] 中国第一历史档案馆、香港中文大学文物馆合编：《清宫内务府造办处档案总汇》第41册，人民出版社，2007年，第353页。

[25] 中国第一历史档案馆、香港中文大学文物馆合编：《清宫内务府造办处档案总汇》第41册，人民出版社，2007年，第548页。

[26] 中国第一历史档案馆、香港中文大学文物馆合编：《清宫内务府造办处档案总汇》第41册，人民出版社，2007年，第551页。

[27] 中国第一历史档案馆、香港中文大学文物馆合编：《清宫内务府造办处档案总汇》第41册，人民出版社，2007年，第415页。

[28] 中国第一历史档案馆、香港中文大学文物馆合编：《清宫内务府造办处档案总汇》第41册，人民出版社，2007年，第415页。

[29] 中国第一历史档案馆、香港中文大学文物馆合编：《清宫内务府造办处档案总汇》第42册，人民出版社，2007年，第495页。

[30] 中国第一历史档案馆、香港中文大学文物馆合编：《清宫内务府造办处档案总汇》第42册，人民出版社，2007

年，第495页。
[31] 中国第一历史档案馆、香港中文大学文物馆合编：《清宫内务府造办处档案总汇》第42册，人民出版社，2007年，第513页。
[32] 中国第一历史档案馆、香港中文大学文物馆合编：《清宫内务府造办处档案总汇》第43册，人民出版社，2007年，第178页。
[33] 中国第一历史档案馆、香港中文大学文物馆合编：《清宫内务府造办处档案总汇》第42册，人民出版社，2007年，第550页。
[34] 中国第一历史档案馆、香港中文大学文物馆合编：《清宫内务府造办处档案总汇》第44册，人民出版社，2007年，第18—19页。
[35] 中国第一历史档案馆、香港中文大学文物馆合编：《清宫内务府造办处档案总汇》第45册，人民出版社，2007年，第411页。
[36] 中国第一历史档案馆、香港中文大学文物馆合编：《清宫内务府造办处档案总汇》第45册，人民出版社，2007年，第494页。
[37] 中国第一历史档案馆、香港中文大学文物馆合编：《清宫内务府造办处档案总汇》第47册，人民出版社，2007年，第25页。
[38] 中国第一历史档案馆、香港中文大学文物馆合编：《清宫内务府造办处档案总汇》第46册，人民出版社，2007年，第650—651页。
[39] 中国第一历史档案馆、香港中文大学文物馆合编：《清宫内务府造办处档案总汇》第47册，人民出版社，2007年，第630—631页。
[40] 中国第一历史档案馆、香港中文大学文物馆合编：《清宫内务府造办处档案总汇》第48册，人民出版社，2007年，第270—271页。
[41] 中国第一历史档案馆、香港中文大学文物馆合编：《清宫内务府造办处档案总汇》第49册，人民出版社，2007年，第179—180页。
[42] 中国第一历史档案馆、香港中文大学文物馆合编：《清宫内务府造办处档案总汇》第52册，人民出版社，2007年，第324页。
[43] 苏州博物馆编：《苏·宫——故宫博物院藏明清苏作文物展》，第272页图84。故宫出版社，2016年。
[44] 《西清砚谱》卷二十四，上海书店出版社，1991年，第424—435页。
[45] 《西清砚谱》卷二十四，上海书店出版社，1991年，第

424—445页。

[46] 中国第一历史档案馆、香港中文大学文物馆合编：《清宫内务府造办处档案总汇》第38册，人民出版社，第457—458页。

[47] 《西清砚谱》卷二十四，上海书店出版社，1991年，第424—434页。

[48] 中国第一历史档案馆、香港中文大学文物馆合编：《清宫内务府造办处档案总汇》第40册，人民出版社，第228页。

[49] 《西清砚谱》卷二十四，上海书店出版社，1991年，第435页。

[50] 《御制文二集》卷三十九。

[51] 《御制文二集》卷三十九。

[52] 中国第一历史档案馆、香港中文大学文物馆合编：《清宫内务府造办处档案总汇》第38册，人民出版社，2007年，第461—462页。

[53] 中国第一历史档案馆、香港中文大学文物馆合编：《清宫内务府造办处档案总汇》第40册，人民出版社，2007年，第693页。

[54] 中国第一历史档案馆、香港中文大学文物馆合编：《清宫内务府造办处档案总汇》第40册，人民出版社，2007年，第229页。

[55] 中国第一历史档案馆、香港中文大学文物馆合编：《清宫内务府造办处档案总汇》第40册，人民出版社，2007年，第230页。

[56] 中国第一历史档案馆、香港中文大学文物馆合编：《清宫内务府造办处档案总汇》第41册，人民出版社，2007年，第542页。

[57] 中国第一历史档案馆、香港中文大学文物馆合编：《清宫内务府造办处档案总汇》第42册，人民出版社，2007年，第496页。

[58] 中国第一历史档案馆、香港中文大学文物馆合编：《清宫内务府造办处档案总汇》第47册，人民出版社，2007年，第25页。

[59] 《西清砚谱》卷二十四，上海书店出版社，1991年，第435页。

宋砚图谱与门应兆的绘图生涯

——《西清砚谱》初探

◎ 刘晓天

内容提要：《西清砚谱》以『内廷所贮本』为最佳，《西清砚谱》懋勤殿本属于『内廷所贮本』。天津市文物交流中心收藏的五册宋砚谱图，实为《西清砚谱》懋勤殿本第八册至第十二册，且著录于徐世昌的《书髓楼藏书目》。以门应兆为首的绘图团队应乾隆帝要求，绘制了多种多套宫廷图谱，这些宫廷图谱中，以采用西洋画法的《西清砚谱》最具艺术性。

关键词：《西清砚谱》懋勤殿本　门应兆　宫廷图谱

《西清砚谱》是清乾隆年间著录清宫藏砚的宫廷图谱，编入历代各式砚台240方，其中正谱编入200方，附录编入40方，绘图572幅。《西清砚谱》以『内廷所贮本』为最佳，《西清砚谱》内廷所贮本是《西清砚谱》文渊阁本、《西清砚谱》文津阁本的底本，《西清砚谱》懋勤殿本属于『内廷所贮本』。天津市文物交流中心收藏的《西清砚谱》懋勤殿本第八册至第十二册是集古砚鉴藏、书画艺术、帝王情怀、皇家品位、宫廷审美于一体的珍贵文物，值得倍加珍惜。

《西清砚谱》象征了旗人宫廷画家门应兆在画史上的地位。通过梳理史料，确认门应兆生年为雍正十二年（1734年），卒年最早在乾隆五十八年（1793年），是汉军正黄旗人，监生，曾在理藩院、工部、安徽省宁国府任职。

以门应兆为首的绘图团队还绘制了《皇朝礼器图式》《满洲实录》和补绘萧云从《离骚图》册等宫廷图谱。《西清砚谱》懋勤殿本第八册至第十二册带有光影的画风，是门应兆及其绘图团队学习、掌握、使用清宫郎世宁等西洋画家技法的必然结果。

一

天津市文物交流中心藏有五册制作精良、图文并茂、写绘工致的描绘宋代砚台的图谱。该图谱，佚名，不分卷，纸本，每开长、宽皆为31厘米，呈正方形，计93开，共编入各式宋砚48方，绘有宋砚的正面图、背面图和侧视图157幅，正面图和背面图均有立体感，画风参合中西，以白描勾线，以水墨浓淡表现明暗、凹凸、远近、高低，砚台细节之处如裂纹、缺口、凿痕等一一呈现，透视感强烈，具有西方静物画的写实风格，应是受过西画训练的清代宫廷画家的作品。

每方宋砚都以馆阁体书法记录各类信息以及绘图比例，其上的御铭、御玺、御题都表明这些宋砚曾被乾隆帝把玩，其中3方宋砚还被大臣题咏。所绘宋砚经与清代乾隆年间编修的《西清砚谱》中的卷八至卷十二比对，除了缺失第十卷『宋端石黼文砚』『宋端石登瀛砚』，其余内容基本相符，且能与部分存世实物对照，其中六方砚台现藏故宫博物院，另有19方砚台现藏台北故宫博物院（表一）。《西清砚谱》卷七《唐观象砚说》记载：乾隆十四年（1749年）由乾隆帝亲自鉴选乾清宫10方古砚，并作《古砚铭有序》以记其事，且镌刻御铭，还在砚匣底部标注天干。该记载涉及《宋砚图谱》中的

表一 《西清砚谱》懋勤殿本第八册至第十二册47方宋砚的基本情况

名称	陈设地	题咏大臣	现藏处	备注
宋宣和八卦十二辰砚			台北故宫博物院	第八册
宋宣和八柱砚	热河		台北故宫博物院	第八册
宋端石睿思东阁砚	乾清宫		台北故宫博物院	第八册
宋苏轼石渠砚	翠云馆			第八册
宋苏轼结绳砚	敬腾斋		故宫博物院	第八册
宋苏轼东井砚	咸福宫		台北故宫博物院	第八册
宋苏轼端石砚	玉玲珑馆			第八册
宋苏轼从星砚	景福宫	于敏中、梁国治、沈初、彭元瑞、董诰、刘墉、金士松、陈孝泳	台北故宫博物院	第八册
宋苏轼龙珠砚		张照		第八册

续表一

名称	陈设地	题咏大臣	现藏处	备注
宋晁补之玉堂砚	绛雪轩			第八册
宋米芾远岫奇峰砚	养性殿		故宫博物院	第九册
宋米芾兰亭砚	热河	于敏中、梁国治、周煌、嵩贵、刘墉、申甫	台北故宫博物院	第九册
宋米芾螽斯瓜瓞砚			台北故宫博物院	第九册
宋中岳外史端石砚	浴德殿		故宫博物院	第九册
宋薛绍彭兰亭砚	延春阁			第九册
宋杨时金星歙石砚			台北故宫博物院	第九册
宋陆游素心砚	御兰芬			第九册
宋吴儆井田砚			台北故宫博物院	第九册
宋文天祥玉带生砚	养性殿		台北故宫博物院	第九册
宋郑思肖端石砚			台北故宫博物院	第九册
南宋兰亭砚				第十册
宋垂乳砚	乾清宫		台北故宫博物院	第十册
宋黝玉砚	乾清宫		台北故宫博物院	第十册
宋紫云砚	乾清宫		台北故宫博物院	第十册
宋晕月砚	乾清宫		台北故宫博物院	第十册
宋端石海天砚	延春阁		台北故宫博物院	第十册
宋合璧端砚	宁寿宫		故宫博物院	第十册
宋端石云腴砚	奉三无私			第十册

名称	陈设地	题咏大臣	现藏处	备注
宋端石归去来辞砚	安澜园		故宫博物院	第十一册
宋端石货币砚	泽兰堂			第十一册
宋端石七星砚	狮子林			第十一册
宋端石风字砚			故宫博物院	第十一册
宋端石百一砚				第十一册
宋端溪天然子石砚			台北故宫博物院	第十一册
宋端溪子石蟠桃核砚				第十一册
宋端石三星砚				第十一册
宋端石聚奎砚				第十一册
宋端石洛书砚				第十一册
宋端石腾蛟砚				第十二册
宋端石印川砚				第十二册
宋端石三虎砚				第十二册
宋端石洛书砚			台北故宫博物院	第十二册
宋端石五丁砚				第十二册
宋端石凤池砚				第十二册
宋端石重卦砚			台北故宫博物院	第十二册
宋端石紫袍金带砚				第十二册
宋端石列宿砚	赏皇六子			第十二册
宋端石石渠秘阁砚	赏皇六子			第十二册

4方宋砚（表二）。与实物相比，所绘宋砚被明显美化、优化和升华，来源于现实，却高于现实，已不是对客观事物单纯的描摹复制，而是积极发挥主观能动性，充满想象的诗意改造。

五册宋砚图谱，每册前后均用明黄洒金笺作为护页，前护页均钤印『太上皇帝之宝』『懋勤殿宝』『乾隆御览之宝』『五福五代堂古稀天子宝』『八徵耄念之宝』，后护页只钤印『乾隆御览之宝』，其印文、印泥、尺寸、位置、钤用规律，均符合清宫规制，应为乾隆帝御玺无疑，表明乾隆帝在当太上皇期间御览了陈设于懋勤殿的五册宋砚图谱。

懋勤殿位于故宫乾清宫西南方向，与端凝殿相对，始建于明嘉靖年间，清代取『懋文勤武』之意，乾隆年间收贮了大量的文房、书籍、书画、法帖。五册宋砚图谱中的『宋宣和八卦十二辰砚』『宋杨时金星歙石砚』『宋米芾螽斯瓜瓞砚』

表二　乾隆十四年（1749年）鉴选的乾清宫10方古砚基本情况

名称	原藏处	匣底天干	现藏处	备注
唐观象砚	乾清宫	甲	台北故宫博物院	
唐菱镜砚	乾清宫	乙	台北故宫博物院	
唐石渠砚	乾清宫	丙	台北故宫博物院	
宋垂乳砚	乾清宫	丁	台北故宫博物院	第十册
宋黝玉砚	乾清宫	戊	台北故宫博物院	第十册
宋紫云砚	乾清宫	己	台北故宫博物院	第十册
宋翠涛砚	乾清宫	庚	台北故宫博物院	
宋晕月砚	乾清宫	辛	台北故宫博物院	第十册
宋方井砚	乾清宫	壬	台北故宫博物院	
元凝松砚	乾清宫	癸	台北故宫博物院	

均有乾隆四十二年（1777年）十一月『旨交懋勤殿刻字』[1]的记载，『宋端石货币砚』有乾隆四十三年二月『现在懋勤殿刻字』[2]的记载。

『御制与钦定之书』[3]是懋勤殿藏书的一部分，并且『均无副本』[4]。《西清砚谱》文渊阁本、《西清砚谱》文津阁本均以『内廷所贮本』[5]为底本进行摹制。懋勤殿属于内廷[6]，因而《西清砚谱》懋勤殿本属于『内廷所贮本』，是对砚台实物的直接描绘，五册宋砚图谱体现了绘制最佳的『内廷所贮本』的水平和风采。

五册宋砚图谱均用楠木夹板装饰，使用楠木，而不是紫檀，是清宫常见现象，并无不妥。《西清古鉴》就曾用楠木板，『太监厄勒里交西清古鉴册页楠木壳面板八块，传旨着如意馆做材料用，钦此』[7]。

综上所述，天津市文物交流中心所藏五册宋砚图谱可以更准确地被称为《西清砚谱》懋勤殿本第八册至第十二册。作为『内廷所贮本』，是毫无疑义的乾隆帝御制、御览、御用之物，是可靠的清宫用书、清宫图谱、清宫装裱、清宫旧藏、清宫散佚文物。

从清宫流失后，基于收藏印『弢斋秘笈』和『王仲珊印』判断，《西清砚谱》懋勤殿本第八册至第十二册长期在天津流传。『弢斋秘笈』为徐世昌的收藏印，徐世昌于1922年结束大总统任期后，一直在天津当寓公，从事文化事业，由其编撰、1935年铅印《书髓楼藏书目》中著录的『无卷数』的『乾隆御制砚谱』[8]，应即为《西清砚谱》懋勤殿本第八册至第十二册。『王仲珊印』表明《西清砚谱》懋勤殿本第八册至第十二册改换门庭。王仲珊（1913—1995年），本名王连弟，字仲珊，河北黄骅人，著名古籍版本学家王晋卿的学生，在天津经销古籍善本多年，后在天津古籍书店退休。1982年《西清砚谱》懋勤殿本第八册至第十二册被天津市文物公司（现天津市文物交流中心）收购[9]。

乾隆年间，清宫曾制作多套《西清砚谱》，故宫博物院、南京博物院、中国国家图书馆、台北故宫博物院、台湾『中研院』等均有收藏，但大多如《西清砚谱》文渊阁本、《西清砚谱》文津阁本，是有框栏、行格的，而《西清砚谱》懋勤殿本第八册至第十二册没有框栏、行格。

故宫博物院藏有一部存在缺失的《西清砚谱》写绘本，『一系方册夹装，每半开15行，行22字，无框栏、行格，高、宽皆31厘米。残存8册（卷一至卷七、目录），各册饰以木夹板。写、绘尤为精良。各册首页钤「五福五代堂古稀天子之宝」、「八征耄念之宝」、「太上皇帝之宝」、「乾隆御览之宝」，并「懋勤殿宝」等玺印，次为乾隆御制序。由此可知此书原储懋勤殿』[10]。其尺寸、装裱、印章、画工、行数、字数，皆与天津市文物交流中心所藏《西清砚谱》懋勤殿本第八册至第十二册高度一致，且同无框栏、行格，除了目录，能组成相对完整的第一册至第十二册。因而身处京津两地都存在缺失的《西清砚谱》懋勤殿本，均属于原来一套完整的《西清砚谱》懋勤殿本[11]。

二

《西清砚谱》懋勤殿本第八册至第十二册凭借美妙、高超的笔墨赋予了众多砚台独有的艺术魅力，虽为佚名作品，但绘图者并非无迹可寻，据记载，《西清砚谱》由『臣门应兆奉敕恭绘』[12]。有关门应兆的资料留存较少，其绘制的宫廷图谱均无门应兆款识，现以阮元、胡敬、李放和俞剑华的记载为基础，并参考部分史料，进一步了解门应兆生平履历。

（一）前人记述中的门应兆：简单平淡

阮元《石渠随笔》卷七记载：

> 门应诏白描《补离骚图》，奇诡可观。《皇朝礼器图式》亦多出其手。应诏由内阁中书出为知府[13]。

阮元将『门应兆』记作『门应诏』，也许是『兆』『诏』同音之故，指出其作品有补绘萧云从《离骚图》册和《皇朝礼器图式》。

胡敬《国朝院画录》卷下记载：

> 门应兆，字吉占，正黄旗汉军人。工人物、花卉。由工部主事派懋勤殿修书，充四库馆绘图分校官，补工部员外郎，升郎中，授宁国府知府。《石渠》著录六。补绘萧云从《离骚图》三册……又三册。以上《续编》[14]。

胡敬记载了门应兆的字号、出身、绘画专长以及工作部门和地点，作品有补绘萧云从《离骚图》册。该记载成为后世因袭、参考的最重要来源。

> 李放《八旗画录》后编卷中记载：门应召，字吉占，汉军正黄旗人，由工部主事派懋勤殿修书，充四库馆绘图分校官，补工部员外郎，升郎中，授宁国府知府，《国朝院画录》云工人物花卉，《石渠》著录六[15]。

李放在抄录胡敬记载的同时，没有补充新的资料。

俞剑华编《中国美术家人名辞典》记载：

门应兆（清）一作应诏，一作应召，字吉占，正黄旗汉军人。乾隆时（一七三六—一七九五年）由工部主事派充四库馆绘图分校官。官至宁国府知府。善界画楼阁、人物及花卉，并善写真。乾隆四十三年（一七七八年）为西清砚谱绘图。四十七年（一七八二年）补绘萧云从《离骚图》。又与冷鉴等合绘《皇朝礼器图式》（国（清）朝院画录、八旗画录、中国版画研究重要书目）[16]。

这是目前最为详细的有关门应兆的记载，还提供了参考文献。以胡敬所说为根本，明确指出门应兆的作品有《西清砚谱》、补绘萧云从《离骚图》册、《皇朝礼器图式》等三种，有些作品还标明绘制时间。《中国版画研究重要书目》为傅惜华所编，其中记载《皇朝礼器图式》由门应兆等绘[17]。

（二）档案、地方志记载中的门应兆：辗转历练

门应兆不只是宫廷画家，也是政府机构的官员，其生年、出身、教育程度和工作经历等重要信息在清宫档案和地方志中均有确凿的记载，绝非付之阙如，这对于完善前人记述颇有裨益。

清宫档案的门应兆《官员履历引见折》《宫中官员履历单》《宫中官员履历片》三则记载中，以《宫中官员履历片》记载最为详细。

《官员履历引见折》记载：

御览谨奏，乾隆五十二年四月二十七日，奴才门应兆，正黄旗汉军李景福佐领下监生，年五十四岁，现任工部都水司郎中，乾隆五十一年正月二十七日奉旨记名，以繁缺知府用今签升安徽宁国府知府缺，敬缮履历恭呈[18]。

《宫中官员履历单》记载：

繁缺郎中门应兆，正黄旗汉军李景福佐领下监生，年五十四岁，现任工部都水司郎中，乾隆五十一年正月二十七日奉旨记名，以繁缺知府用今签升安徽宁国府知府缺[19]。

《宫中官员履历片》记载：

乾隆五十二年五月内用安徽宁国府知府降调，乾隆五十二年五月内引见妥当。门应兆，正黄旗汉军人，年五十四岁，由工部笔帖式乾隆三十八年十一月内用理藩院主事，四十三年二月内调工部主事，四十七年四月内用工部员外郎，四十八年十二月内用本部郎中，五十二年五月内用安

徽宁国府知府[20]。

地方志提供了门应兆何时离任宁国府知府这一十分重要的细节。嘉庆二十年（1815年）补修《安徽省宁国府志》卷四《职官表职官（下）》记载：『乾隆五十二年宁国府知府，门应兆，正黄旗人。由部郎出任，五十八年俸满去。』[21]

结合档案和地方志记载，门应兆并非生卒年均不详，乾隆五十二年（1787年）『年五十四岁』，据此可知其生年为雍正十二年（1734年），正黄旗汉军第四参领第二佐领系清崇德七年、明崇祯十五年（1642年）编设，李景福是第八任佐领[22]。作为李景福底下的监生，门应兆很可能是明末清初投降清军或被清军掳掠的北方汉人的后代。监生意味着门应兆受过较好的文化教育。

门应兆于乾隆三十八年（1773年）任理藩院主事，四十三年（1778年）调任工部，四十七年任工部员外郎，四十八年任工部郎中，五十二年（1787年）任安徽省宁国府知府，任上曾重修宣城县学[23]。五十八年『俸满』离任。阮元关于门应兆『由内阁中书出为知府』的记载是错误的。

门应兆从工部郎中平调任安徽省宁国府知府，从宫廷画家转变为一方父母官，工作内容、性质都发生了很大变化。门应兆离开宁国府以后的情况、卒年以及为何『降调』，目前都缺乏记载，但其卒年最早在乾隆五十八年（1793年）。

三

现存门应兆绘制的作品主要是《皇朝礼器图式》《西清砚谱》《满洲实录》和补绘萧云从《离骚图》册四部宫廷图谱，其中《满洲实录》为前人记述所忽略。这四部宫廷图谱均绘制多套，以供不同的宫殿陈设，而这四部宫廷图谱也恰如其分地对应了门应兆绘图生涯的不同阶段。

（一）《皇朝礼器图式》：初露锋芒

门应兆最早参与绘制的是《皇朝礼器图式》，是其艺术生涯的序曲。《皇朝礼器图式》是记录清代礼制典章、器物的大型综合性图谱，涉及清代皇家、宫廷所用的祭器、仪器、冠服、乐器、卤簿、武备，内容十分庞杂，绘图1300幅，画风精细、写实、逼真。乾清宫、宁寿宫、圆明园、热河避暑山庄均有陈设[24]。

《皇朝礼器图式》于乾隆二十四年（1759年）完成初纂，于三十一年完成补纂。完成初纂时，门应兆是三名绘图誊录者之一，是监生，排名第二[25]。完成补纂时，门应兆是候补八品笔帖式，是六名绘图人员之一，排名第一[26]。

乾隆四十一年（1776年）十二月二十八日，担任《皇朝礼器图式》总裁、《四库全书》正总裁的于敏中向乾隆帝推荐门应兆：

> 查有理藩院主事门应兆，系汉军，前在礼器馆绘图，颇为得力，蒙恩议叙，由笔帖式升今职。该员精于绘画，汉字尚能通晓，而于蒙古字未经学习，若在本衙门办事，无可措手。相应请旨，舍在四库全书处校对上行走，俾校勘图样，似属人地相宜。为此谨奏[27]。

乾隆帝同意后，门应兆担任《四库全书》绘图分校官，成为长期在懋勤殿工作的于敏中的部下，这与胡敬关于门应兆『派懋勤殿修书』的记载是一致的。

乾隆四十二年（1777年）十二月二十九日，乾隆帝赏赐四库全书馆诸臣吃哈密瓜，门应兆作五言诗『叉手步跃跃，语巧输鹦鹉』[28]谢恩。乾隆四十七年《四库全书》初稿完成，门应兆获得『查照原奏照例升用』『入文渊阁筵席』的奖励[29]。

（二）《西清砚谱》：绚烂璀璨

如果说《皇朝礼器图式》是牛刀小试，那么《西清砚谱》无疑是门应兆绘图事业走向巅峰的夺目篇章，是门应兆西画技巧的力作，『无不摹写入微』，『极意皴染，各开生面』[30]，达到了不是照片但胜似照片的视觉效果。这从《西清砚谱》懋勤殿本第八册至第十二册中已经能深切感受，并借此可窥探《西清砚谱》的全貌。

《西清砚谱》是清宫鉴选藏砚的成果和结晶，关于这次宫廷藏砚的鉴定、整理和绘制情况，并没有太多直接的文献记载，但在造办处档案中尚有些蛛丝马迹。

乾隆四十二年（1777年）十一月十一日『广木作』提到乾清宫的十方古砚[31]，此十方古砚全部编入《西清砚谱》，并都标注陈设于乾清宫。

乾隆四十三年（1778年）闰六月三日『油木作』提到『入谱砚二百方』[32]，十月二日『广木作』提到『宋端石风字砚一方……系入谱』[33]，十二月十日『广木作』提到十方『系入谱附录』[34]的砚台。『入谱』，就是指编入《西清砚谱》，『入谱砚二百方』指被编入《西清砚谱》正谱的200方砚台，『系入谱』指宋端石风字砚编入《西清砚谱》，『系入谱附录』指被编入《西清砚谱》附录的砚台。

乾隆四十二年至四十三年，造办处承接了不少和编入《西清砚谱》砚台有关的任务，门应兆绘制《西清砚谱》的工作也应该在这两年同步进行。

（三）《满洲实录》：归于中庸

完成《西清砚谱》后，门应兆着手绘制《满洲实录》，即《开国实录》，并不再绘制《西清续鉴》。乾隆四十四年（1779年）正月，『令主事门应兆，恭绘《开国实录》』[35]。乾隆四十六年五月，『开国实录……并着门应兆照旧绘图』[36]。『门应兆照旧绘图，其现办《西清续鉴》图式，另挑好手接办。』[37]

《满洲实录》图绘满族起源与清太祖努尔哈赤的艰辛创业事迹，这充分表明乾隆帝对门应兆的信任。《满洲实录》画风以线描为主，略施淡墨，人物的盔甲和城墙楼阁都很工细，绘画视角大多采用俯视的大场面，遵循散点透视。人物形态各异，形象生动，努尔哈赤的图像明显比其他人物大很多，这种处理，应与门应兆参考内府收藏的唐宋人物画有关。《满洲实录》在上书房、盛京崇谟阁、热河避暑山庄均有陈设。

（四）补绘萧云从《离骚图》册：徐徐落幕

完成《满洲实录》后，门应兆开始补绘萧云从《离骚图》册。乾隆四十六年（1781年）十二月十五日，『四库全书馆进呈书，内有萧云从画《离骚图》一册，盖踵李公麟《九歌图》意……但今书中，所存各图，缺略不全……其应补者，酌定稿本令门应兆补行绘画，以成完璧』[38]。

门应兆补绘萧云从《离骚图》册，现存两套，均著录于《石渠宝笈续编》，其中一套现藏台北故宫博物院，完成于乾隆四十七年（1782年）[39]，为乾隆帝『钦定』作品，不仅有乾隆帝的御制诗，而且详述令门应兆补绘的来龙去脉，还标明萧云从原作及数量、门应兆补绘部分及数量，图中既有华丽的衣冠、雄伟的宫殿、种类繁多的乐器，又有各路神仙鬼怪、花鸟鱼虫，包罗万象，精雕细琢，炫目招摇，完全变成了单纯的装饰铺陈，富丽精工之余，索然无味，如阮元评价『奇诡可观』而已，法式善认为门应兆的补绘『形具而神离』[40]，和萧云从有着较大的距离，更别提和李公麟相比了。

四

为了实现乾隆帝的文化大业，门应兆接连绘制多部多套精细繁复的宫廷图谱，并担任《四库全书》绘图分校官，还跑到如意馆给乾隆帝作画[41]，如此惊人的工作重压，门应兆全都独自从容应付，令人难以置信。

乾隆三十二年（1767年）十一月五日画院处记载：『为画《皇朝礼器图》，添外雇六人帮画。』[42] 这种增加人手的情况与《皇朝礼器图式》完成补纂时只有六名绘图人员的记载相矛盾。因而更客观的事实是，伴随着门应兆的脱颖而出，清宫内形成了一支以门应兆为首的人数众多的绘图团队，将需要绘制多套多部的宫廷图谱一一落实落地，这也许就是参加过清内府书画整理编纂的阮元、胡敬不将那么多作品归于门应兆名下的原因吧。《满洲实录》和《西清砚谱》均被阮元、胡敬所遗漏，应该不是简单的巧合。

从《西清砚谱》懋勤殿本第八册至第十二册的画风看，西洋画法在乾隆年间的清宫占据很大的优势，这必然与清宫中的西洋画家郎世宁等得到乾隆帝的支持有关，西风东渐，西洋画法成为一种时尚，天津博物馆藏有乾隆近臣五德用西法，于乾隆四十九年（1784年）为成亲王永瑆创作《山海关澄海楼、木兰、金山、海宁石塘图》卷，如此则门应兆和他的绘图团队岂能例外？

为完成乾隆帝布置的绘制宫廷图谱的繁重工作，清宫形成了以门应兆为首的绘图团队来应对。这些绘图团队成员是经过挑选的，具有一定的绘画天赋，受过极强的专业训练，具备职业画家深厚的绘画功底。他们掌握西画技巧，懂得运用水墨表现体积感、块面感，作画强调工细、严谨，态度一丝不苟，配合默契，以极强的执行力绘制了大量宫廷图谱，是清代宫廷绘画隐姓埋名的特殊存在。

结语

天津市文物交流中心藏《西清砚谱》懋勤殿本第八册至第十二册，是乾隆帝御览的铭心绝品，是陈设于内廷懋勤殿的清宫善本，是保留清宫装裱的宫廷藏书，是清代宫廷图谱的佳作，是清宫西法绘图的典范，是绘制最佳的『内廷所贮本』的组成部分，其重要艺术价值已经毋庸置疑。虽然乾隆帝还有编纂《西清砚谱》续谱的行动[43]，却以在懋勤殿御览而画上句号。

存世以门应兆为首的绘图团队绘制的宫廷图谱有《皇朝礼器图式》《西清砚谱》《满洲实录》和补绘萧云从《离骚图》册，其中以《西清砚谱》的艺术成就为最高。

门应兆生于雍正十二年（1734年），卒年最早为乾隆五十八年（1793年），字吉占，汉军正黄旗人，监生，乾隆三十八年任理藩院主事，四十一年任《四库全书》绘图分校官，四十三年调任工部，四十七年任工部员外郎，四十八年任工部郎中，五十二年任安徽省宁国府知府，五十八年离任。

注释：

[1] 中国第一历史档案馆、香港中文大学文物馆合编：《清宫内务府造办处档案总汇》第40册，人民出版社，2005年，第637页。

[2] 中国第一历史档案馆、香港中文大学文物馆合编：《清宫内务府造办处档案总汇》第41册，人民出版社，2005年，第617页。

[3] 张升：《明清宫廷藏书》（修订版），商务印书馆，2015年，第259页。

[4] 刘迪：《清代前期懋勤殿功能考》，《历史教学》2009年第14期。

[5] 见《西清砚谱》文渊阁本、《西清砚谱》文津阁本目录之后纪昀等人按语。

[6] 〔清〕庆桂等编纂，左步青校点：《国朝宫史续编》下册，北京古籍出版社，1994年，第439页。

[7] 中国第一历史档案馆、香港中文大学文物馆合编：《清宫内务府造办处档案总汇》第40册，人民出版社，2005年，第792页。

[8] 徐世昌撰：《书髓楼藏书目》，国家图书馆出版社，2017年，第195页。

[9] 邢捷、张秉午：《记乾隆年间精绘宋砚谱》，《文物》1983年第1期。

[10] 齐秀梅、杨玉良等：《清宫藏书》，紫禁城出版社，2005年，第274页。

[11] 需要更正的是乾隆帝并无玺印『五福五代堂古稀天子之宝』，正确的玺印为『五福五代堂古稀天子宝』。

[12] 《西清砚谱》凡例。

[13] 〔清〕阮元撰，钱伟强、顾大朋点校：《石渠随笔》，浙江人民美术出版社，2019年，第147页。

[14] 〔清〕阮元撰，钱伟强、顾大朋点校：《石渠随笔》，浙江人民美术出版社，2019年，第206—207页。

[15] 周骏富辑：《清代传记丛刊》第80册，明文书局，1985年，第502页。

[16] 俞剑华编：《中国美术家人名辞典（修订本）》，上海人民美术出版社，2005年，第565页。

[17] 丁福保、周云青编：《四部总录艺术编》第4册，文物出版社，1984年，第200页。

[18] 秦国经主编：《清代官员履历档案全编》第22册，华东师范大学出版社，1997年，第198页。

[19] 秦国经主编：《清代官员履历档案全编》第22册，华东师范大学出版社，1997年，第194页。

[20] 秦国经主编：《清代官员履历档案全编》第22册，华东

师范大学出版社，1997年，第259页。

［21］〔清〕鲁铨等修，洪亮吉等纂：《安徽省宁国府志》卷四，成文出版社有限公司，1970年，第182页。

［22］〔清〕福隆安等纂修：《钦定八旗通志》卷二十三，《文渊阁四库全书·史部四二二·政书类》第664册，台湾商务印书馆，1986年，第663页。

［23］〔清〕鲁铨等修，洪亮吉等纂：《安徽省宁国府志》卷四，成文出版社有限公司，1970年，卷十九，第607页。

［24］中国第一历史档案馆、香港中文大学文物馆合编：《清宫内务府造办处档案总汇》第40册，人民出版社，2005年，第380—381页。

［25］〔清〕允禄等撰，福隆安等校补：《皇朝礼器图式》『职名』，《文渊阁四库全书·史部四一四·政书类》第656册，（台湾）商务印书馆，1986年，第5页。

［26］〔清〕允禄等撰，福隆安等校补：《皇朝礼器图式》『职名』，《文渊阁四库全书·史部四一四·政书类》第656册，（台湾）商务印书馆，1986年，第10页。

［27］中国第一历史档案馆编：《纂修四库全书档案》上册，上海古籍出版社，1997年，第564—565页。

［28］孙致中等校点：《纪晓岚文集》第一册，河北教育出版社，1991年，第475页。

［29］中国第一历史档案馆编：《纂修四库全书档案》下册，上海古籍出版社，1997年，第1459页。

［30］《西清砚谱》凡例。

［31］中国第一历史档案馆、香港中文大学文物馆合编：《清宫内务府造办处档案总汇》第40册，人民出版社，2005年，第641页。

［32］中国第一历史档案馆、香港中文大学文物馆合编：《清宫内务府造办处档案总汇》第41册，人民出版社，2005年，第577页。

［33］中国第一历史档案馆、香港中文大学文物馆合编：《清宫内务府造办处档案总汇》第41册，人民出版社，2005年，第516页。

［34］中国第一历史档案馆、香港中文大学文物馆合编：《清宫内务府造办处档案总汇》第41册，人民出版社，2005年，第554页。

［35］《清高宗实录》卷一千零七十六，乾隆四十四年正月乙卯，中华书局，1986年，第436页。

［36］《清高宗实录》卷一千一百三十，乾隆四十六年五月辛巳，中华书局，1986年，第109页。

［37］转引自韦心滢：《清宫藏青铜器谱录——『乾隆四鉴』相关问题探析》，《故宫学刊》2015年第1期。

[38] 中国第一历史档案馆编：《纂修四库全书档案》下册，上海古籍出版社，1997年，第1449页。

[39] 中国第一历史档案馆、香港中文大学文物馆合编：《清宫内务府造办处档案总汇》第45册，人民出版社，2005年，第580页。

[40] 《续修四库全书》编纂委员会编：《续修四库全书一四七六·集部·别集类》，上海古籍出版社，2002年，第712页。

[41] 中国第一历史档案馆、香港中文大学文物馆合编：《清宫内务府造办处档案总汇》第46册，人民出版社，2005年，第760、762页。

[42] 中国第一历史档案馆、香港中文大学文物馆合编：《清宫内务府造办处档案总汇》第31册，人民出版社，2005年，第48页。

[43] 参见嵇若昕：《〈宁寿续鉴〉与〈西清续鉴〉——乾隆皇帝未竟的文化事业》，《故宫学刊》2015年第1期。

集结大臣、皇子与宫殿的宫廷图谱

——《西清砚谱》再探

◎ 刘晓天

内容提要：《西清砚谱》所载砚台，有的被乾隆帝命大臣题咏，有的被乾隆帝赏赐给皇子，有的被乾隆帝陈设于宫中。《西清砚谱》完成编纂于懋勤殿。入编《西清砚谱》的造办处制伪砚使得《西清砚谱》的意义与价值停留在了绘画技巧层面。

关键词：《西清砚谱》 懋勤殿 造办处

清乾隆四十三年（1778年）完成编纂、绘制的《西清砚谱》记载经大臣题咏的砚台12方，涉及大臣28人（表一），赏赐皇子的砚台10方，涉及皇子5位（表二），陈设宫殿的砚台118方，涉及宫殿48处（表三）。这些大臣、皇子、宫殿与乾隆帝、《西清砚谱》的联系与意义，目前都甚少披露。本文拟利用一些相关材料，就以上问题展开讨论，从而对《西清砚谱》有更深入、更准确的认识和把握。

一

《西清砚谱》所载240方砚台，除了康熙帝御用的『松花石双凤砚』『松花石甘瓜石函砚』和雍正帝御用的『松花石壶庐砚』[1]，剩余237方全部被乾隆帝题咏，乾隆帝还让大臣题咏了12方砚台，这种双重题咏的砚台中有5方根据《西清砚谱》即可确定大臣题咏时间。

『宋米芾兰亭砚』于乾隆四十一年（1776年）御铭，六位大臣在『扈从』避暑山庄时『奉敕恭赋』[2]。乾隆四十一年五月十九日，乾隆帝驻跸避暑山庄，八月十六日，从避暑山庄出发，进哨木兰行围，九月初八返回避暑山庄，二十二日回京[3]。乾隆帝与大臣题咏的时间、地点均相合，这种御铭时间即大臣题咏时间的砚台还有4方，分别是乾隆十六年题咏的『宋宣和澄泥砚』[4]、乾隆四十年题咏的『宋宣和梁

表一 《西清砚谱》记载大臣题咏砚台及涉及大臣一览表

砚名	卷数	材质	原陈设处	题咏大臣	御铭时间	现藏处
汉未央宫东阁瓦砚	卷一	陶之属	乾清宫	梁诗正、张若霭、董邦达、汪由敦、励宗万、陈邦彦、裘曰修		台北故宫博物院
汉未央宫北温室殿瓦砚	卷一	陶之属	生秋庭	梁诗正、张若霭、董邦达、汪由敦、励宗万、陈邦彦、裘曰修		
汉铜雀瓦砚第一砚	卷一	陶之属	乾清宫	梁诗正、张若霭、董邦达、汪由敦、励宗万、陈邦彦、裘曰修		台北故宫博物院
汉铜雀瓦砚第三砚	卷一	陶之属	翠云馆	梁诗正、张若霭、董邦达、汪由敦、励宗万、陈邦彦、裘曰修		台北故宫博物院
汉铜雀瓦砚第六砚	卷一	陶之属	宁寿宫	梁诗正、张若霭、董邦达、汪由敦、励宗万、陈邦彦、裘曰修		台北故宫博物院
汉砖多福砚	卷二	陶之属	乾清宫	任兰枝、蒋溥、刘统勋、彭启丰、张若霭、鄂容安、介福[5]		故宫博物院
宋宣和澄泥砚	卷三	陶之属		汪由敦、梁诗正、刘统勋、蒋溥		台北故宫博物院
明制瓦砚	卷六	陶之属		于敏中、梁国治、董诰、王杰、金士松、陈孝泳	乾隆四十三年（1778年）	故宫博物院
宋宣和梁苑雕龙砚	卷七	石之属	养性殿	曹文埴、沈初、金士松、陈孝泳、于敏中、王际华、梁国治、王杰、彭元瑞、董诰	乾隆四十年（1775年）	
宋苏轼从星砚	卷八	石之属	景福宫	于敏中、梁国治、沈初、彭元瑞、董诰、刘墉、金士松、陈孝泳	乾隆四十二年（1777年）	台北故宫博物院
宋苏轼龙珠砚	卷八	石之属		张照	乾隆四十三年（1778年）	
宋米芾兰亭砚	卷九	石之属	热河	于敏中、梁国治、周煌、嵩贵[6]、刘墉、申甫[7]	乾隆四十一年（1776年）	台北故宫博物院

表二 《西清砚谱》中赏赐皇子的砚台名称及涉及皇子一览表

砚名	卷数	材质	赏赐皇子	现藏处
宋端石石渠秘阁砚	卷十二	石之属	皇八子永璇	
宋端石列宿砚	卷十二	石之属	皇六子永瑢	
明李梦阳端石圭砚	卷十四	石之属	皇十一子永瑆	
旧端石半蕉砚	卷十九	石之属	皇六子永瑢	
旧端石七光砚	卷十九	石之属	皇十一子永瑆	见拍卖市场
旧端石飞黄砚	卷十九	石之属	皇十五子颙琰	见拍卖市场
旧端石七星石渠砚	卷十九	石之属	皇十七子永璘	故宫博物院
旧端石仿唐石渠砚	卷十九	石之属	皇十七子永璘	
旧蕉白瓜瓞砚	卷二十	石之属	皇十五子颙琰	
旧臒村石兰亭砚	卷二十一	石之属	皇八子永璇	

表三 《西清砚谱》各卷砚名、材质及原陈设处、现藏处一览表

砚名	卷数	材质	原陈设处	现藏处
汉未央宫东阁瓦砚	卷一	陶之属	乾清宫	台北故宫博物院
汉未央宫北温室殿瓦砚	卷一	陶之属	生秋庭	
汉铜雀瓦砚第一砚	卷一	陶之属	乾清宫	台北故宫博物院
汉铜雀瓦砚第二砚	卷一	陶之属	乾清宫	台北故宫博物院
汉铜雀瓦砚第三砚	卷一	陶之属	翠云馆	台北故宫博物院

砚名	卷数	材质	原陈设处	现藏处
汉铜雀瓦砚第四砚	卷一	陶之属	别有洞天	
汉铜雀瓦砚第五砚	卷一	陶之属	热河	台北故宫博物院
汉铜雀瓦砚第六砚	卷一	陶之属	宁寿宫	台北故宫博物院
汉砖多福砚	卷二	陶之属	乾清宫	故宫博物院
汉砖石渠砚	卷二	陶之属	颐和轩	台北故宫博物院
汉砖虎伏砚	卷二	陶之属	延趣楼	
魏兴和砖砚	卷二	陶之属	乐寿堂	
唐石渠砚第一砚	卷二	陶之属	乾清宫	台北故宫博物院
唐石渠砚第二砚	卷二	陶之属	乐寿堂	
唐八棱澄泥砚	卷二	陶之属	狮子林	
宋澄泥虎符砚第一砚	卷三	陶之属	养心殿	台北故宫博物院
宋澄泥虎符砚第二砚	卷三	陶之属	漱芳斋	台北故宫博物院
宋澄泥虎符砚第三砚	卷三	陶之属	符望阁	台北故宫博物院
宋澄泥石函砚第一砚	卷三	陶之属	重华宫	故宫博物院
宋澄泥石函砚第二砚	卷三	陶之属	寻沿书屋	故宫博物院
宋翠涛砚	卷三	陶之属	乾清宫	台北故宫博物院
宋方井砚	卷三	陶之属	乾清宫	台北故宫博物院
宋澄泥海岳砚	卷四	陶之属	蓬岛瑶台	
宋澄泥括囊砚	卷四	陶之属	碧琳馆	故宫博物院
宋四螭澄泥砚	卷四	陶之属	符望阁	故宫博物院
宋澄泥圭砚	卷四	陶之属	御兰芬	

砚名	卷数	材质	原陈设处	现藏处
宋澄泥壁水砚	卷五	陶之属	倦勤斋	台北故宫博物院
宋澄泥列钱砚	卷五	陶之属	绛雪轩	台北故宫博物院
元虞集澄泉结翠砚	卷五	陶之属	养心殿	
元澄泥龙珠砚	卷五	陶之属	乾清宫	台北故宫博物院
旧澄泥方池砚	卷六	陶之属	斋宫	故宫博物院
旧澄泥卷荷砚	卷六	陶之属	坤宁宫东暖阁	故宫博物院
旧澄泥玉堂砚第一砚	卷六	陶之属	懋勤殿	
晋王廞壁水暖砚	卷七	石之属	乾清宫	故宫博物院
晋玉兰堂砚	卷七	石之属	乾清宫	台北故宫博物院
唐观象砚	卷七	石之属	乾清宫	台北故宫博物院
唐菱镜砚	卷七	石之属	乾清宫	台北故宫博物院
宋宣和梁苑雕龙砚	卷七	石之属	养性殿	
宋宣和八柱砚	卷八	石之属	热河	台北故宫博物院
宋端石睿思东阁砚	卷八	石之属	乾清宫	台北故宫博物院
宋苏轼石渠砚	卷八	石之属	翠云馆	
宋苏轼结绳砚	卷八	石之属	敬胜斋	故宫博物院
宋苏轼东井砚	卷八	石之属	咸福宫	台北故宫博物院
宋苏轼端石砚	卷八	石之属	玉玲珑馆	
宋苏轼从星砚	卷八	石之属	景福宫	台北故宫博物院
宋晁补之玉堂砚	卷八	石之属	绛雪轩	
宋米芾远岫奇峰砚	卷九	石之属	养性殿	故宫博物院

砚名	卷数	材质	原陈设处	现藏处
宋米芾兰亭砚	卷九	石之属	热河	台北故宫博物院
宋中岳外史端石砚	卷九	石之属	浴德殿	故宫博物院
宋薛绍彭兰亭砚	卷九	石之属	延春阁	
宋陆游素心砚	卷九	石之属	御兰芬	
宋文天祥玉带生砚	卷九	石之属	养性殿	台北故宫博物院
宋垂乳砚	卷十	石之属	乾清宫	台北故宫博物院
宋黝玉砚	卷十	石之属	乾清宫	台北故宫博物院
宋紫云砚	卷十	石之属	乾清宫	台北故宫博物院
宋晕月砚	卷十	石之属	乾清宫	台北故宫博物院
宋端石海天砚	卷十	石之属	延春阁	台北故宫博物院
宋合璧端石砚	卷十	石之属	宁寿宫	故宫博物院
宋端石云腴砚	卷十	石之属	奉三无私	
宋端石黼文砚	卷十	石之属	鱼跃鸢飞	
宋端石登瀛砚	卷十	石之属	清晖阁	
宋端石归去来辞砚	卷十一	石之属	安澜园	故宫博物院
宋端石货币砚	卷十一	石之属	泽兰堂	
宋端石七星砚	卷十一	石之属	狮子林	
宋紫端石渠砚	卷十三	石之属	延春阁	故宫博物院
宋龙尾石涵星砚	卷十三	石之属	澄虚榭	
宋臒村石泰交砚	卷十四	石之属	皆春阁	
宋臒村石听雨砚	卷十四	石之属	热河	台北故宫博物院

砚名	卷数	材质	原陈设处	现藏处
元凝松砚	卷十四	石之属	乾清宫	台北故宫博物院
明唐寅龙尾石瓦砚	卷十四	石之属	翠云馆	故宫博物院
明文徵明琭玉砚	卷十五	石之属	养心殿	台北故宫博物院
明董其昌画禅室端石砚	卷十五	石之属	养心殿	故宫博物院
明项元汴瓶砚	卷十五	石之属	养性殿	台北故宫博物院
明项元汴东井砚	卷十五	石之属	咸福宫	故宫博物院
明林春泽人瑞砚	卷十五	石之属	安澜园	
旧端石凤池砚	卷十五	石之属	养心殿	台北故宫博物院
旧端石双龙砚	卷十五	石之属	延春阁	故宫博物院
旧端石饮鹿砚	卷十五	石之属	千秋亭	
旧端石海天浴日砚	卷十六	石之属	宁寿宫	台北故宫博物院
旧端石太极砚	卷十六	石之属	淳华轩	
旧端溪子石五明砚	卷十六	石之属	秀清村	
旧端石弦文砚	卷十六	石之属	瀛台	
旧端石折波砚	卷十六	石之属	淳化轩	
旧端石九子砚	卷十六	石之属	热河	台北故宫博物院
旧端石井星砚	卷十六	石之属	延春阁	
旧端石饕餮夔纹砚	卷十六	石之属	养心殿	台北故宫博物院
旧端石云雷编钟砚	卷十九	石之属	养性斋	
旧端石天然壶庐砚	卷十九	石之属	养和精舍	故宫博物院
旧蕉白缄销砚	卷二十	石之属	懋勤殿	

续表三

砚名	卷数	材质	原陈设处	现藏处
旧蕉白双螭砚	卷二十	石之属	懋勤殿	
旧蕉白瓠叶砚	卷二十	石之属	昭仁殿	故宫博物院
旧蕉白龙池砚	卷二十	石之属	自鸣钟	故宫博物院
旧龙尾石日月叠璧砚	卷二十一	石之属	方壶胜境	
旧歙溪苍玉砚	卷二十一	石之属	景福宫	
旧洮石黄标砚	卷二十一	石之属	咸福宫	
旧艧村石玉堂砚	卷二十一	石之属	懋勤殿	台北故宫博物院
朱彝尊井田砚	卷二十一	石之属	弘德殿	故宫博物院
松花石翠云砚	卷二十二		乾清宫	
澄泥砆砚	卷二十二		懋勤殿	台北故宫博物院
澄泥墨砚	卷二十二		懋勤殿	台北故宫博物院
仿魏兴和砖砚	卷二十三		弘德殿	
仿唐八棱澄泥砚	卷二十三		乐寿堂	
仿唐菱镜砚第一砚	卷二十三		景福宫	
仿唐菱镜砚第二砚	卷二十三		慎修思永	台北故宫博物院
仿唐观象砚	卷二十三		万方安和	
仿澄泥虎伏砚	卷二十三		文源阁	台北故宫博物院
仿宋宣和梁苑雕龙砚	卷二十三		养性殿	故宫博物院
仿古六砚	卷二十四		宁寿宫	台北故宫博物院
仿古六砚	卷二十四		淳化轩	故宫博物院

苑雕龙砚』、乾隆四十二年题咏的『宋苏轼从星砚』和乾隆四十三年题咏的『明制瓦砚』。

有幸题咏《西清砚谱》所载砚台的无不是乾隆帝的宠臣、重臣或近臣，但《西清砚谱》高高在上，除了题咏附和，鉴选藏砚和编纂《西清砚谱》无不体现乾隆帝个人的意志，也没有大臣被赏赐《西清砚谱》所载砚台。

《西清砚谱》所载砚台共有10方被乾隆帝用来赏赐五位皇子，分别是皇六子永瑢、皇八子永璇、皇十一子永瑆、皇十五子颙琰（即乾隆帝之后继位的嘉庆帝）以及皇十七子永璘，均被乾隆帝一视同仁地赏赐两方砚台。只有皇子才能得到《西清砚谱》所载砚台，表明《西清砚谱》的尊贵与稀缺。

乾隆四十二年（1777年）十月十六日『广木作』记载：『交……兰亭记大砚一方（……八阿哥进）……将砚即交懋勤殿刻字，得时仍赏八阿哥。』[8]『旧臒村石兰亭砚』实为皇八子永璇进献，也是唯一能确定乾隆帝赏赐时间的。赏赐颙琰『旧端石飞黄砚』和『旧蕉白瓜瓞砚』，寓意日后腾飞、子孙绵延，秘密建储，已无秘密，等于昭示其储君地位。《西清砚谱》此时无声胜有声，无异于提前预热的传位诏书。

《西清砚谱》共有118方砚台标注陈设宫殿，只有卷一的砚台均标注所陈设的宫殿，卷十二、卷十七、卷十八均未标注所陈设的宫殿，其余标注情况不一。众多宫殿陈设《西清砚谱》所载砚台，表明《西清砚谱》是清宫不可或缺的组成部分。

《西清砚谱》记载热河陈设5方砚台，热河即承德避暑山庄，是京师之外规模最大，也是唯一陈设《西清砚谱》所载砚台的行宫。由乾隆帝亲自开发建设并繁荣兴盛的盘山行宫即天津蓟州静寄山庄没有陈设，着实有些意外。

陈设19方砚台的乾清宫，陈设砚台数量高居众宫殿之首，陈设汉砚4方、晋砚2方、唐砚3方、宋砚7方、元砚2方，基本完整再现了稀有古砚传承发展的历史脉络。乾清宫也是乾隆帝《御制西清砚谱序》和《西清砚谱·凡例》唯一提到的陈设砚台的宫殿。

随着乾隆帝的精心布局和巧妙铺垫，《西清砚谱》集万千宠爱于一身，在大臣、皇子和宫廷中树立起了高端、正统、顶级的形象，横空出世的《西清砚谱》，它真的能行稳致远吗？

二

乾隆帝与张照君臣之间同有对苏轼化解不开的情结，君臣互动不仅仅停留在『宋苏轼龙珠砚』，而是更进一步，在『宋苏轼结绳砚』上留下深深的烙印。

《西清砚谱》卷八『石之属』的『宋苏轼结绳砚』，其砚说记载该砚是『宋老坑端石』，『入土年久，与铜器融粘，青绿斑驳可爱』，『下有轼一字款』，砚台背面『镌苏轼认语九十七字，署东坡居士识款五字，俱行书』。砚盒内『嵌银项子京家珍藏长方印』。《西清砚谱》认定该砚是宋代苏轼用砚，且是出土文物，曾经晚明大收藏家项元汴（字子京，号墨林）收藏。事实确实如《西清砚谱》所说吗？

乾隆七年（1742年）十二月二十三日『砚作』记载：

……奉旨准做绳式砚，将赋刻在砚底下做得，时在边墙上写一轼字，呈览准时再烧古砚……用银丝将项子京家珍藏字样镶嵌在盒盖内，钦此。……将绳式砚不必烧古，得时送进交太监转交张照写苏轼记此[9]。

乾隆帝命造办处制作所谓的古砚，并刻上命张照书写的苏轼名款、诗文，砚盒内用银丝镶嵌项元汴的收藏印，『宋苏轼结绳砚』就这样来到人间，数十年后，又被堂而皇之地编入《西清砚谱》。将造办处制砚编入《西清砚谱》，『宋苏轼结绳砚』绝不会是孤例。

《西清砚谱》卷二『陶之属』的『魏兴和砖砚』，其砚说记载：『上方左侧嵌半两钱一枚，并玉蕊片二，似入土年久粘渍者。』『魏兴和砖砚』同样不是出土文物。

乾隆四十年（1775年）八月十日热河随园记载：

……交古今图书集成砚谱一本……照砚谱书上兴和砖砚样改做一方……呈览随奉御笔将兴和砖砚样上画得镶嵌古钱墨道……兴和砖砚按上面墨道向里边查要古钱一个，一并发往，照墨道分位嵌安，钦此[10]。

『魏兴和砖砚』其实是乾隆帝根据《古今图书集成》中一本砚谱的记载制作的，又镶嵌上一枚古钱纹饰，做旧而成。这本砚谱很有可能是《遵生八笺》。《遵生八笺》不仅被收录于《古今图书集成》，且配有『魏兴和砖砚』的图样[11]。

《西清砚谱》卷七『石之属』的『宋宣和风字暖砚』，其砚说记载，『宋老坑端石，琢为风字式砚』，『砚背中镌宣和御用四字隶书』，『池以铜为之』，『四册周刻海波中涵海螺应龙大龟龙马各一』，『背镌宣和御用四字亦隶书』。『宋宣和风字暖砚』与『魏兴和砖砚』『宋苏轼结绳砚』如出一辙，是造办处的作品。

乾隆三十八年（1773年）闰三月二十九日『金玉作』记载：

奉旨照样准改做砚二方，一方背后刻宣和殿制，配铜烧古砚盒一方，背后刻乾隆年仿造，配铜镀金砚盒，钦此。……砚盒墙子上添海螺海马鳌鱼龟样，其兽面亦着收小，钦此。……准做洋錾铜砚盒二件，内一件烧古，刻宣和御用，一件镀金刻乾隆仿古，得时将烧古砚盒发往苏州烧古，钦此[12]。

乾隆帝将一方砚做成配铜砚盒，砚底砚盒底均刻隶书款宣和御用的『宋宣和风字暖砚』，另一方砚做成配镀金砚盒，砚底砚盒底均刻乾隆仿古的『仿宋宣和风字暖砚』。宋宣和风字暖砚与仿宋宣和风字暖砚只是存在款识区别，不存在谁仿谁、谁先谁后的问题。

依据造办处档案记载可断定，乾隆帝命造办处按自己要求制作了《西清砚谱》的『魏兴和砖砚』『宋宣和风字暖砚』和『宋苏轼结绳砚』，《西清砚谱》其他砚台，尤其是时代较早或和历史名人有关的砚台，应该都存在类似问题，因而必须客观、辩证地看待《西清砚谱》所载砚台的真伪、年代以及乾隆帝的动机与心理。《西清砚谱》先天不足，存在讳莫如深的硬伤，乾隆帝这张文化名片的成色已然不足。如以《西清砚谱》为标准进行鉴定，必然贻笑大方。

三

乾清宫之外，陈设《西清砚谱》『内廷所贮本』的懋勤殿拥有两个方面的重要功能是其他宫殿无法企及的，懋勤殿不仅为大量《西清砚谱》所载砚台刻铭，还鉴选清宫藏砚并编纂、绘制《西清砚谱》。《西清砚谱》存在的严重问题，并不冲击懋勤殿的主要角色和客观作用。

从乾隆四十年（1775年）的『宋宣和梁苑雕龙砚』[13]、于敏中写铭的18方仿古砚[14]等开始，至乾隆四十三年，为数众多的《西清砚谱》所载砚台先后到懋勤殿刻铭，乾隆四十二年十一月初四日『广木作』一则一次性记录30方《西清砚谱》所载砚台的记载，暗含了懋勤殿与《西清砚谱》内在的、完整的、紧密的深层逻辑：

传旨将各式古砚三十方在雕漆箱内配屉盛装先摆样，呈览钦此，记开，宋郑所南砚……以上十六方懋勤殿。宋澄泥仿逢安瓦钟式砚……以上十方养心殿，虎符砚、南轩写经澄泥砚、红丝鹦鹉砚、旧坑端石括囊砚，以上四方御书房。……随将古砚三十方按懋勤殿拟定一至三十号次序摆得合牌屉样六件……括囊砚一方、钟式砚一方……旨交懋勤殿刻字，钦此[15]。

『古砚三十方』砚名虽与《西清砚谱》中的记载有一定差异，但全部是《西清砚谱》所载砚台无疑，其中有12方在懋勤殿刻铭（表四）。入编《西清砚谱》的30方『古砚』经乾隆帝过目后，『按懋勤殿拟定』次序摆放，并将其中的12方砚台刻铭，后面是需跟进绘制、誊写、校对与编纂等一系列环节的。

《西清砚谱》懋勤殿本是鉴选、编纂、绘制清宫藏砚最直接的成果，是清宫藏砚精品的第一手图像资料，是以门应兆为首的绘图团队直接按照实物绘制的『内廷所贮本』，其艺术水准远高于以『内廷所贮本』为底本描摹的《西清砚谱》文津阁本、文渊阁本，其重要性是不言而喻的。

『古砚三十方』在《西清砚谱》中都没有记载陈设宫殿。《西清砚谱》记载陈设于懋勤殿和养心殿的砚台同为6方，而御书房则为无。实际情况并非如此，陈设于懋勤殿的砚台增加了16方，达到22方，陈设于养心殿的砚台增加了10方，达到16方，陈设于御书房的砚台为4方，陈设宫殿也由此增

表四 《西清砚谱》砚名与清宫档案记载砚名对比表

造办处档案记载砚名	《西清砚谱》砚名	卷数	刻铭处	现藏处
宋郑所南砚	宋郑思肖端石砚	卷九		台北故宫博物院
旧坑端石云芝砚	旧端石云芝砚	卷十七		台北故宫博物院
旧坑端石松皮砚	旧端石松皮砚	卷十七		台北故宫博物院
明制瓦砚	明制瓦砚	卷六		故宫博物院
宋澄泥黼傲绹文砚	宋澄泥黼黻绹纹砚	卷四		台北故宫博物院
宋蕉叶澄泥砚	宋澄泥蕉叶砚	卷四		台北故宫博物院
宋杨时龙尾歙砚	宋杨时金星歙石砚	卷九	懋勤殿	台北故宫博物院
宋米芾螽斯瓜瓞砚	宋米芾螽斯瓜瓞砚	卷九	懋勤殿	台北故宫博物院
旧端石六龙砚	旧端石六龙砚	卷十七		台北故宫博物院

造办处档案记载砚名	《西清砚谱》砚名	卷数	刻铭处	现藏处
宋紫端太平有象砚	宋紫端太平有象砚	卷十三		台北故宫博物院
宋宣和八卦十二辰砚	宋宣和八卦十二辰砚	卷八	懋勤殿	台北故宫博物院
宋蕉白文澜砚	宋蕉白文澜砚	卷十三	懋勤殿	台北故宫博物院
旧端石钟砚	旧端石蟠夔钟砚	卷十七		台北故宫博物院
旧端子石砚	明杨士奇旧端子石砚	卷十四	懋勤殿	台北故宫博物院
旧端石洛书砚	旧端石洛书砚	卷十七		台北故宫博物院
旧石子科斗砚	明杨明时子石科斗砚	卷十五	懋勤殿	台北故宫博物院
宋澄泥仿逢安瓦钟式砚	宋澄泥仿建安瓦钟砚	卷五	懋勤殿	台北故宫博物院
宋澄泥蟠螭砚	宋澄泥蟠螭砚	卷四		台北故宫博物院
宋澄泥石渠砚	宋澄泥石渠砚	卷四	懋勤殿	台北故宫博物院
旧制端石鹅砚	旧端石鹅砚	卷十七		台北故宫博物院
旧端石痴庵砚	元黄公望痴庵砚	卷十四		台北故宫博物院
旧端溪石函鱼藻砚	旧歙溪石函鱼藻砚	卷二十一		台北故宫博物院
宋紫端涵星砚	宋紫端涵星砚	卷十三	懋勤殿	台北故宫博物院
宋臒村凤池砚	宋臒村凤池砚	卷十四		台北故宫博物院
宋天然子石端砚	宋端溪天然子石砚	卷十一		台北故宫博物院
苍雪庵凤凰池砚	明苍雪庵凤池砚	卷十五		台北故宫博物院
虎符砚	宋澄泥虎符砚第四砚	卷三		
南轩写经澄泥砚	宋张栻写经澄泥砚	卷三	懋勤殿	台北故宫博物院
红丝鹦鹉砚	旧红丝石鹦鹉砚	卷二十	懋勤殿	台北故宫博物院
旧坑端石括囊砚	旧端石括囊砚	卷十七	懋勤殿	台北故宫博物院

加了一处，至49处，《西清砚谱》所载有确切陈设宫殿记载的砚台增至148方。《西清砚谱》记载奉三无私陈设『宋端石云腴砚』一方砚台。乾隆元年（1736年）开始制作陈设于奉三无私、编入《西清砚谱》卷二十二附录的『松花石蟠螭砚』[16]也没有标注陈设宫殿，没有标注陈设宫殿在《西清砚谱》中是较为普遍的现象。

结语

《西清砚谱》记载了大量的大臣、皇子和宫殿。乾隆帝命大臣咏砚，给皇子赐砚，并将砚台在宫中陈设。乾隆帝命造办处制作的砚台被以古砚的名义，甚至以出土文物的身份，编入《西清砚谱》，给《西清砚谱》留下无法弥补的遗憾。《西清砚谱》有关陈设宫殿的标注并不完备，御书房其实是陈设砚台的，懋勤殿、养心殿、奉三无私陈设的砚台数量均多于《西清砚谱》的记载。

很多《西清砚谱》所载砚台的刻铭完成于懋勤殿，最主要的是鉴选清宫藏砚和编纂、绘制《西清砚谱》都完成于懋勤殿，作为《西清砚谱》的诞生地，懋勤殿是整个清宫无与伦比且不可替代的存在。虽然自始至终默默无闻，但已不再神秘。《西清砚谱》之前的《秘殿珠林石渠宝笈初编》也在懋勤殿纂修，懋勤殿无愧为乾隆帝文化大业的地标性宫殿。懋勤殿不仅『懋文勤武』，更是『懋著勤劳』。

作为《西清砚谱》的唯一主宰，乾隆帝至高无上，乾纲独断，得到所有大臣、皇子的取悦与配合。在这场乾隆帝亲自操控，将《西清砚谱》塑造、认同为古今第一砚谱的文化工程中，乾隆帝煞费苦心，通过大臣题咏、赏赐皇子、宫殿陈设，甚至直接作伪等手段，不遗余力地打造《西清砚谱》，然而春秋笔法般的档案记载，让乾隆帝白费功夫，《西清砚谱》作为鉴定的依据和工具注定是失败的，但中西结合的画风以及极具立体感的水墨才是成就《西清砚谱》的关键。就艺术价值而言，《西清砚谱》鬼斧神工，摄人心魄，是公认的砚台图谱中无可匹敌的巅峰之作，清宫以门应兆为首的绘图团队赋予了《西清砚谱》在绘画史中独有的观感与贡献，多少给乾隆帝保留了点颜面。

注释：

[1]《西清砚谱》卷二十二。

[2]《西清砚谱》卷九『宋米芾兰亭砚』。

[3]戴逸、李文海主编：《清通鉴》卷一百三十三，山西人民

出版社，1999年，第4250页。

[4]《清高宗御制诗二集》卷二十二。

[5]介福，旗人，佟佳氏，字景庵，官至侍郎。

[6]嵩贵，蒙古族，官至内阁学士。

[7]申甫，字及甫，扬州人，官至副都御史。

[8]中国第一历史档案馆、香港中文大学文物馆编：《清宫内务府造办处档案总汇》第40册，人民出版社，2005年，第613页。

[9]中国第一历史档案馆、香港中文大学文物馆编：《清宫内务府造办处档案总汇》第10册，人民出版社，2005年，第766—767页。

[10]中国第一历史档案馆、香港中文大学文物馆编：《清宫内务府造办处档案总汇》第38册，人民出版社，2005年，第807—808页。

[11]〔明〕高濂撰：《遵生八笺·燕闲清赏笺》中卷。

[12]中国第一历史档案馆、香港中文大学文物馆编：《清宫内务府造办处档案总汇》第36册，人民出版社，2005年，第362—363页。

[13]中国第一历史档案馆、香港中文大学文物馆编：《清宫内务府造办处档案总汇》第36册，人民出版社，2005年，第648页。

[14]中国第一历史档案馆、香港中文大学文物馆编：《清宫内务府造办处档案总汇》第38册，人民出版社，2005年，第458—459页。

[15]中国第一历史档案馆、香港中文大学文物馆编：《清宫内务府造办处档案总汇》第40册，人民出版社，2005年，第633—640页。

[16]中国第一历史档案馆、香港中文大学文物馆编：《清宫内务府造办处档案总汇》第7册，人民出版社，2005年，第266页。

乾隆朝文治大业的密码

——《西清砚谱》三探

◎ 刘晓天

内容提要： 乾隆帝命大臣题咏了《西清砚谱》中的6方汉砚、5方宋砚和1方明砚。乾隆帝费尽心机安排大臣题咏的同时，也希望参与题咏的大臣能够为乾隆朝的文治大业超越汉代、宋代和明代而贡献自己的力量，但是在高度集中的君权面前，大臣们只是应声虫罢了。

关键词： 张若霭　汪由敦　刘统勋　王际华

清乾隆四十三年（1778年）完成编纂、绘制的《西清砚谱》著录了12方被乾隆帝和大臣共同题咏的砚台，其中包括6方汉砚、5方宋砚和1方明砚，涉及题咏大臣28人（表一），这类砚台与题咏大臣之间的联系与意义，目前都甚少披露。本文拟利用一些相关材料，就相关问题展开讨论，从而对《西清砚谱》的来龙去脉有更深入、更准确的认识和把握。

表一　《西清砚谱》乾隆君臣共同题咏砚台名称及题咏大臣一览表

砚名	卷数	题咏大臣	御铭时间	现藏处
汉未央宫东阁瓦砚	卷一	梁诗正、张若霭、董邦达、汪由敦、励宗万、陈邦彦、裘日修		台北故宫博物院
汉未央宫北温室殿瓦砚	卷一	梁诗正、张若霭、董邦达、汪由敦、励宗万、陈邦彦、裘日修		

续表一

砚名	卷数	题咏大臣	御铭时间	现藏处
汉铜雀瓦砚第一砚	卷一	梁诗正、张若霭、董邦达、汪由敦、励宗万、陈邦彦、裘日修		台北故宫博物院
汉铜雀瓦砚第三砚	卷一	梁诗正、张若霭、董邦达、汪由敦、励宗万、陈邦彦、裘日修		台北故宫博物院
汉铜雀瓦砚第六砚	卷一	梁诗正、张若霭、董邦达、汪由敦、励宗万、陈邦彦、裘日修		台北故宫博物院
汉砖多福砚	卷二	任兰枝、蒋溥、刘统勋、彭启丰、张若霭、鄂容安、介福[6]		故宫博物院
宋宣和澄泥砚	卷三	汪由敦、梁诗正、刘统勋、蒋溥		台北故宫博物院
明制瓦砚	卷六	于敏中、梁国治、董诰、王杰、金士松、陈孝泳	乾隆四十三年（1778年）	故宫博物院
宋宣和梁苑雕龙砚	卷七	曹文埴、沈初、金士松、陈孝泳、于敏中、王际华、梁国治、王杰、彭元瑞、董诰	乾隆四十年（1775年）	
宋苏轼从星砚	卷八	于敏中、梁国治、沈初、彭元瑞、董诰、刘墉、金士松、陈孝泳	乾隆四十二年（1777年）	台北故宫博物院
宋苏轼龙珠砚	卷八	张照	乾隆四十三年（1778年）	
宋米芾兰亭砚	卷九	于敏中、梁国治、周煌、嵩贵[7]、刘墉、申甫[8]	乾隆四十一年（1776年）	台北故宫博物院

乾隆十年（1745年），乾隆帝题咏了6方汉砚中的『古陶三友』：『汉未央宫东阁瓦砚』『汉铜雀瓦砚第一砚』[1]和『汉未央宫北温室殿瓦砚』[2]，6方汉砚是否也都由大臣们题咏于是年？唯一题咏6方汉砚的张若霭在造办处的活动提供了线索。

乾隆十年六月四日『牙作』记载：『刻得诗铜雀瓦砚一方随紫檀木匣……奉旨将盒盖上着张若霭写八分书的铜雀瓦三字。』六月十二日『牙作』记载：『铜雀台瓦砚二方，亦将面上字磨去，漆匣的着众翰林题跋刻上……未央宫瓦砚一方篆的字不好，另着张若霭篆字另刻。』[3]十一年六月十九日『广木作』记载：『将瓦砚一方配得紫檀木盒……奉旨着张若霭写八分书交武英殿刻字，钦此。』[4]

乾隆十年至十一年，张若霭为相关汉砚书写隶书和篆书，乾隆十年六月中旬，『众翰林』关于6方汉砚的题咏已能刻制。

乾隆九年（1744年）五月，著录清宫道释书画的《秘殿珠林初编》纂修完成，乾隆十年正月张照逝世，九月，著录世俗书画的《石渠宝笈初编》纂修完成，十月题咏『汉砖多福砚』的任兰枝提出告老还乡，第二年即逝世。乾隆十一年五月，在懋勤殿行走编辑《秘殿珠林》的励宗万获罪革职，乾隆帝『令回原籍，闭户读书』，以『《秘殿珠林》一书业已告成，懋勤殿无庸多人』为由，让张若霭、裘日修离开[5]，九月，张若霭随乾隆帝西巡五台山，不久因病逝世。『众翰林』的调整变动也表明6方汉砚只能题咏于乾隆十年。

宋苏轼龙珠砚于乾隆四十三年（1778年）御铭，此时距离唯一的题咏大臣张照（1691—1745年）逝世已经超过30年，乾隆帝提到了苏轼《偃松图》卷和张照『曾记偃松玉局图，侍臣题句亦吟吾。下岩重此龙珠咏，今昔凭参同与殊』。『玉局』是指苏轼，『侍臣』是指张照，苏轼《偃松图》卷被乾隆帝视作至宝，著录于《石渠宝笈初编》，自己题咏之余，还让张照题咏，并曾多次临摹，纪念苏轼，也怀念张照。有关苏轼的绘画和砚台均留有乾隆帝和张照的题咏，也算是一段君臣佳话了。但《偃松图》卷不是苏轼真迹[9]。

苏轼与米芾两大宋代文人颇受后世景仰，让大臣题咏宋苏轼龙珠砚、宋苏轼从星砚与宋米芾兰亭砚，突出了《西清砚谱》的文人意味和书卷气，但这还不是乾隆帝命大臣题咏《西清砚谱》所载砚台的终极目的。

汉砚、宋砚和明砚，其实代表了乾隆帝要带领群臣赶超汉朝、宋朝和明朝的文治功绩，题咏这些砚台的大臣绝大多数为实现乾隆帝的雄图伟业而勤勉效力、恪尽职守，因而《西清砚谱》不仅仅是著录清宫藏砚的精华，更是乾隆帝驾驭群臣、以文治国的密码（表二）。

二

乾隆九年（1744年），梁诗正、励宗万与张若霭参与的著录清宫藏道释类书画作品的《秘殿珠林初编》编纂完成。乾隆十年，参与编纂《石渠宝笈初编》的梁诗正、励宗万、张若霭、董邦达、陈邦彦、裘日修，与汪由敦一起题咏了《西清砚谱》卷一所载的5方汉砚。

表二　参与《西清砚谱》题咏大臣及其参与工作一览表

题咏大臣	题咏砚台	题咏时间	参与工作
张照（1691—1745年）	宋苏轼龙珠砚		《秘殿珠林初编》 《石渠宝笈初编》
梁诗正（1697—1763年）	汉未央宫东阁瓦砚 汉未央宫北温室殿瓦砚 汉铜雀瓦砚第一砚 汉铜雀瓦砚第三砚 汉铜雀瓦砚第六砚	乾隆十年（1745年）	《秘殿珠林初编》 《石渠宝笈初编》 明贤象牙章 《西清古鉴》
	宋宣和澄泥砚	乾隆十六年（1751年）	

续表二

题咏大臣	题咏砚台	题咏时间	参与工作
张若霭（1713—1746年）	汉未央宫东阁瓦砚 汉未央宫北温室殿瓦砚 汉铜雀瓦砚第一砚 汉铜雀瓦砚第三砚 汉铜雀瓦砚第六砚 汉砖多福砚	乾隆十年（1745年）	《秘殿珠林初编》 《石渠宝笈初编》 明贤象牙章
董邦达（1696—1769年）	汉未央宫东阁瓦砚 汉未央宫北温室殿瓦砚 汉铜雀瓦砚第一砚 汉铜雀瓦砚第三砚 汉铜雀瓦砚第六砚	乾隆十年（1745年）	《石渠宝笈初编》 《金薤留珍》 明贤象牙章 《西清古鉴》
汪由敦（1692—1758年）	汉未央宫东阁瓦砚 汉未央宫北温室殿瓦砚 汉铜雀瓦砚第一砚 汉铜雀瓦砚第三砚 汉铜雀瓦砚第六砚	乾隆十年（1745年）	『天禄琳琅』藏书 《金薤留珍》 明贤象牙章 《西清古鉴》
	宋宣和澄泥砚	乾隆十六年（1751年）	

续表二

题咏大臣	题咏砚台	题咏时间	参与工作
励宗万（1705—1759年）	汉未央宫东阁瓦砚 汉未央宫北温室殿瓦砚 汉铜雀瓦砚第一砚 汉铜雀瓦砚第三砚 汉铜雀瓦砚第六砚	乾隆十年（1745年）	《秘殿珠林初编》 《石渠宝笈初编》 明贤象牙章 《西清古鉴》
陈邦彦（1678—1752年）	汉未央宫东阁瓦砚 汉未央宫北温室殿瓦砚 汉铜雀瓦砚第一砚 汉铜雀瓦砚第三砚 汉铜雀瓦砚第六砚	乾隆十年（1745年）	《石渠宝笈初编》
裘曰修（1712—1773年）	汉未央宫东阁瓦砚 汉未央宫北温室殿瓦砚 汉铜雀瓦砚第一砚 汉铜雀瓦砚第三砚 汉铜雀瓦砚第六砚	乾隆十年（1745年）	《石渠宝笈初编》 《金薤留珍》 《西清古鉴》
任兰枝（1677—1746年）	汉砖多福砚	乾隆十年（1745年）	
彭启丰（1701—1784年）	汉砖多福砚	乾隆十年（1745年）	
鄂容安（1714—1755年）	汉砖多福砚	乾隆十年（1745年）	
介福	汉砖多福砚	乾隆十年（1745年）	
蒋溥（1708—1761年）	汉砖多福砚	乾隆十年（1745年）	《金薤留珍》 《西清古鉴》
	宋宣和澄泥砚	乾隆十六年（1751年）	
刘统勋（1700—1773年）	汉砖多福砚	乾隆十年（1745年）	明贤象牙章 《四库全书》
	宋宣和澄泥砚	乾隆十六年（1751年）	

题咏大臣	题咏砚台	题咏时间	参与工作
于敏中（1714—1780年）	明制瓦砚	乾隆四十三年（1778年）	《金薤留珍》《天禄琳琅书目》《西清古鉴》《西清砚谱》《四库全书》
	宋宣和梁苑雕龙砚	乾隆四十年（1775年）	
	宋苏轼从星砚	乾隆四十二年（1777年）	
	宋米芾兰亭砚	乾隆四十一年（1776年）	
梁国治（1723—1786年）	明制瓦砚	乾隆四十三年（1778年）	《天禄琳琅书目》《西清砚谱》《四库全书》
	宋宣和梁苑雕龙砚	乾隆四十年（1775年）	
	宋苏轼从星砚	乾隆四十二年（1777年）	
	宋米芾兰亭砚	乾隆四十一年（1776年）	
董诰（1740—1818年）	明制瓦砚	乾隆四十三年（1778年）	《秘殿珠林石渠宝笈续编》《天禄琳琅书目》《西清续鉴甲编》《西清续鉴乙编》《西清砚谱》《四库全书》
	宋宣和梁苑雕龙砚	乾隆四十年（1777年）	
	宋苏轼从星砚	乾隆四十二年（1777年）	
王杰（1725—1805年）	明制瓦砚	乾隆四十三年（1778年）	《秘殿珠林石渠宝笈续编》《天禄琳琅书目》《西清续鉴甲编》《西清续鉴乙编》《西清砚谱》《四库全书》
	宋宣和梁苑雕龙砚	乾隆四十年（1775年）	

题咏大臣	题咏砚台	题咏时间	参与工作
金士松（1718—1800年）	明制瓦砚	乾隆四十三年（1778年）	《秘殿珠林石渠宝笈续编》 《天禄琳琅书目》 《西清续鉴甲编》 《西清续鉴乙编》 《西清砚谱》 《四库全书》
	宋宣和梁苑雕龙砚	乾隆四十年（1775年）	
	宋苏轼从星砚	乾隆四十二年（1777年）	
陈孝泳（1715—1779年）	明制瓦砚	乾隆四十三年（1778年）	《天禄琳琅书目》 《西清古鉴》 《西清砚谱》
	宋宣和梁苑雕龙砚	乾隆四十年（1775年）	
	宋苏轼从星砚	乾隆四十二年（1777年）	
曹文埴（1735—1798年）	宋宣和梁苑雕龙砚	乾隆四十年（1775年）	《天禄琳琅书目》 《西清砚谱》 《四库全书》
沈初（1729—1799年）	宋宣和梁苑雕龙砚	乾隆四十年（1775年）	《秘殿珠林石渠宝笈续编》 《天禄琳琅书目》 《四库全书》
	宋苏轼从星砚	乾隆四十二年（1777年）	
王际华（1717—1776年）	宋宣和梁苑雕龙砚	乾隆四十年（1775年）	《天禄琳琅书目》 《西清古鉴》 《四库全书》
彭元瑞（1731—1803年）	宋宣和梁苑雕龙砚	乾隆四十年（1775年）	《秘殿珠林石渠宝笈续编》 《天禄琳琅书目》 《西清续鉴甲编》 《西清续鉴乙编》 《四库全书》
	宋苏轼从星砚	乾隆四十二年（1777年）	

续表二

题咏大臣	题咏砚台	题咏时间	参与工作
刘墉（1720—1805年）	宋苏轼从星砚	乾隆四十二年（1777年）	《四库全书》
	宋米芾兰亭砚	乾隆四十一年（1776年）	
周煌（1714—1785年）	宋米芾兰亭砚	乾隆四十一年（1776年）	《四库全书》
嵩贵	宋米芾兰亭砚	乾隆四十一年（1776年）	《四库全书》
申甫	宋米芾兰亭砚	乾隆四十一年（1776年）	

『石渠』指的是西汉未央宫典藏文献档案的石渠阁，梁诗正关于『汉未央宫东阁瓦砚』的题咏『到于今，伴图籍，播清芬，石渠阁』[10]，《石渠宝笈初编》使得西汉播撒清芬的石渠阁从废墟中被唤醒，并被乾隆帝赋予新的意义与价值。既与《秘殿珠林初编》无关，也与《石渠宝笈初编》无缘的汪由敦，为何依然会题咏这5方汉砚呢？因为西汉未央宫不仅有石渠阁，还有典藏书籍的天禄阁，乾隆帝命汪由敦承担乾隆九年整理清宫『天禄琳琅』藏书的工作。

乾隆二年（1737年）四月二日『木作』记载：『传旨御花园天禄琳琅殿内陈设宋版书处，着照现陈设书之格样做楠木格子，二架糊蓝杭细里挂青缎簾，钦此。』[11]七年正月初六日『裱作』记载：『传旨将御花园绛雪轩现挂之天禄琳琅匾，着扫地在昭仁殿内悬挂，另做视履考祥锦边壁子匾一面挂在绛雪轩殿内。』[12]

『天禄琳琅』匾最晚于乾隆二年（1737年）已经悬挂于御花园的绛雪轩，于七年从绛雪轩移至昭仁殿悬挂，绛雪轩则改挂『视履考祥』匾。『天禄琳琅』藏书最早陈设于绛雪轩，而不是大家普遍认为的昭仁殿，昭仁殿专门陈设『天禄琳琅』藏书是从乾隆七年开始的。

昭仁殿宛如汉代典藏书籍的天禄阁，而汪由敦于乾隆九年整理清宫『天禄琳琅』藏书。汪由敦等整理了懋勤殿、摛藻堂、御书房等处的古籍善本，并就这批藏书为乾隆帝拟就了『琅嬛典录』『东璧琅函』『群玉储珍』三个名称[13]，但乾隆帝继续沿用『天禄琳琅』。

乾隆九年至十年（1744—1745年），不少大臣参与整理法书名画、古籍善本，西汉未央宫的石渠阁和天禄阁因为乾隆帝的驻足而得以衍生延续，乾隆帝初步彰显了超越前代文化文治的雄心壮志，既然开始就要坚定不移地持续推动，《天禄琳琅书目》《秘殿珠林石渠宝笈续编》分别于乾隆四十年（1775年）、五十八年（1793年）成书。

三

乾隆十六年（1751年）正月，清宫《金薤留珍》古铜章专藏（台北故宫博物院藏）顺利完成整理，乾隆帝作《古铜章歌》以抒怀，又题咏了『宋宣和澄泥砚』，并命蒋溥、汪由敦、梁诗正、刘统勋也题咏此砚。乾隆帝为何会选择题咏这方宋砚，蒋溥、汪由敦和梁诗正均参与了《金薤留珍》的整理，那为什么乾隆帝会让没有参与的刘统勋也题咏呢？

乾隆十一年（1746年），乾隆帝命大臣整理了清宫藏明代人篆刻的162枚象牙印章，关于这次整理，乾隆帝的《明贤象牙章歌》揭示了部分情况：

……何人好古比集狐，明贤万历著名氏。……我偶发现识旧物，乃命文臣重排次。徽明父子为巨擘，太原王宠包山治。墨林鉴赏最精当，幼于雅抱山林志……文苑盛事有如此，金薤连城逊美萃。龟坛螭纽无不具，大小鸟篆咸该备。锦囊檀匣允所宜，肯教俗物同滥厕[14]。

这批象牙印章主要都是明代万历前后的艺林著名人物文徵明父子、王宠、陆治、项元汴等所用，被乾隆帝偶然发现后加以整理，并制作囊匣盛放保护，是比《金薤留珍》更为精美的印章荟萃。

乾隆十一年（1746年）二月六日『匣作』记载：

上函图书样八张，象牙图书八十五方，下函图书样八张，象牙图书七十七方……奉旨做四个匣盛装……上安签子，写元亨利贞四字，钦此……此图书交与翰林，将识的按朝代定次序……其不识的着翰林拟制语写上，亦按朝代定次序……交张若霭画一张、董邦达画一张、御制明贤象牙章歌一张、梁诗正字一张、汪由敦字一张，在御制诗匣上糊曹夔音画一张、余省画一张、励宗万字一张、刘统勋字一张，众人记语张若霭字一张，在不识的匣上糊[15]。

所谓『图书』实际是指这批象牙印章的图谱，共制作四个锦匣盛装，『翰林』就是乾隆帝指的文臣，『按朝代定次序』就是乾隆帝所说的『重排次』。张若霭、董邦达、梁诗正、汪由敦、励宗万和刘统勋应该就是参与整理清宫『明贤象牙章』的大臣。

『明贤象牙章』的鉴定难度要远远低于《金薤留珍》，《金薤留珍》早于『明贤象牙章』开始整理，但由于数量和质量的问题，过程漫长，且更耗时费事。

乾隆三年（1738年）十一月九日『匣作』记载：

> 交黑油匣五件（内盛古铜章一千一百零九方）、合牌糊锦匣一件（内盛古铜印章一百五十二方），印图章字样册页三册，印图章字样本一本，传旨糊锦合牌匣内铜章一百五十二方添补入在黑漆匣内……于乾隆四年二月初八日……传旨将黑漆匣五件内盛古铜章一千一百零九方，着汪由敦认看，分清历代先后，每匣内盛之图章字样印，做册页一本，将图章分出历代前后盛装，钦此。于乾隆四年二月初十日……交出……不识古铜章二十五方……奉旨着入在黑漆匣古铜章内补用，钦此……于乾隆四年五月十五日……奉旨将五个黑漆匣外面签上俱刻金薤留珍四字，下傍按图章之次序分刻东壁图书府五字……于乾隆七年六月三十日……将不识古铜章谱五册，并将侍郎汪由敦、参领哈尔图覆认看，仍不能看释，缮写摺片一件持进……呈览，奉旨既不能认识，即将不识注阙、疑二字，俟谱成时将此原摺入于图章匣内一并进呈，钦此。于乾隆七年九月初三日……将古铜章阙疑字样摺片一件持进……奉旨，俱各写阙字，不必写疑字，钦此。

清宫这批古铜印章于乾隆三年（1738年）已经制作锦匣装盛，并已绘制图谱，乾隆四年由汪由敦释文并断代，并正式命名为『金薤留珍』，乾隆七年由汪由敦等再次释文，仍不能释文的，乾隆帝先是要求注上『阙』或『疑』字，后来干脆只注『阙』字，不注『疑』字了。

汪由敦《考释铜章篆文折子》印证了造办处档案的记载：

> 奉内廷交出铜章一千二百八十六方，命臣等音释字迹，分别时代，装五匣进呈。臣等详加辨识，内官印二百一十九方……拟装第一匣。其人名私印……谨据历来印谱所载及印文古雅与历来印谱所传汉章相类者，定为汉印。此种最多，拟分三匣。至刻手劣弱，或确然可据为近代图章，及文字剥蚀不能音释者，概拟列于第五匣。先具样本恭进御览，伏候钦定，交造办处另裱册页，编为印谱，装匣进呈……宋元以来，印谱俱不能尽加音释。臣等学识浅陋，遇有不可辨识之字，谨用阙疑，计五十七方。又阙注者六十七字。其从前音释间有谬误者，悉为改正。是否有当，伏候指示[16]。

汪由敦委婉地告诉乾隆帝，虽参考了宋元以来的多部印谱，但许多印章定为汉代是比较牵强的，甚至是滥竽充数，并由乾隆帝来决定怎么处理标注『阙疑』和『阙』的印章，但乾隆帝并不在意《金薤留珍》存在的问题，基本上都接受了汪由敦的意见。同年乾隆帝又马不停蹄地完成编纂著录清宫藏青铜器的《西清古鉴》，继而又编成《西清续编甲编》《西清续编乙编》以及《宁寿鉴古》，合称『乾隆四鉴』，也称『西清四鉴』。

诚如马衡所说：『印之有谱，盖始于宋徽宗之《宣和印谱》，前此未之闻也。徽宗之于古器物搜罗不遗余力，虽以玺印之微亦皆著为专书，可见当时学术之盛矣。清之高宗，嗜好与之略同，其所著述亦略同。既著《西清古鉴》等书以继《宣和博古图录》，复以藏印千余纽著《金薤留珍》五集以继《宣和印谱》，其提倡之功，岂在宋徽宗之下哉？』[17]《西清古鉴》《金薤留珍》与『明贤象牙章』使乾隆帝的『提倡之功』已在宋徽宗之上了。

因而让刘统勋与蒋溥、汪由敦、梁诗正一起题咏『宋宣和澄泥砚』是乾隆帝有意安排，四人都参与整理了清宫藏印章，只是印章的材质不同而已。让参与整理『明贤象牙章』的刘统勋见证《金薤留珍》的诞生，足见乾隆朝『文苑盛事』之多之盛远超宋徽宗。

《金薤留珍》和《西清古鉴》涉及多位题咏《西清砚谱》所载砚台的大臣，其中于敏中、王际华、陈孝泳等崭露头角的后起之秀，为乾隆帝文化大业的继往开来、承上启下输入了新鲜血液。

乾隆四十年（1775年），著录清宫藏书菁华的《天禄琳琅书目》十卷编成，参与编纂的于敏中、王际华、梁国治、王杰、彭元瑞、董诰、曹文埴、沈初、金士松、陈孝泳非常巧合地集体题咏了《西清砚谱》卷七的『宋宣和梁苑雕龙砚』。

乾隆帝认定该砚为宋徽宗所用，『今经御鉴，定为宣和旧制，被以天章，标刚中以惕君临，戒佥壬以申殷鉴』[18]。宋徽宗大兴文化，却身死国灭，所谓『殷鉴』是掩饰不了乾隆帝内心能与宋徽宗拉开距离并建立优势的喜悦。

题咏『宋宣和梁苑雕龙砚』的王际华在日记中记录了和《西清砚谱》有关的点滴。乾隆三十九年六月十九（1774年7月27日）：『……入值，以《遵生八笺》封寄行在，金坛札知上宣取也。至传心殿，会英公言事。札答二、中堂，即归。』[19]十二月三十（1775年1月1日）：『……奉命选内藏旧砚。』[20]

于敏中是江苏金坛人，金坛即于敏中，于敏中提到乾隆帝想看明代高濂的《遵生八笺》，而《遵生八笺》在《西清砚谱》中被屡屡引用。王际华是乾隆帝选定的鉴选清宫藏砚和编纂《西清砚谱》的人选之一，《西清砚谱》已正式立项。王际华于乾隆四十一年（1776年）逝世，没能看到《西清砚谱》的完成。

乾隆四十三年（1777年），乾隆帝与大臣们题咏《西清砚谱》卷六的「明制瓦砚」，该砚为一邱居士宫巍然于万历四十二年（1614年）「言并造」，乾隆帝题咏道：「此瓦虽非汉唐宋，亦二百年用以久。」[21]乾隆帝认为此砚是二百年前的明永乐十二年（1414年），由明成祖营造北京故宫的瓦片改制而成。

编修《永乐大典》的明成祖可没宋徽宗那么窝囊，《永乐大典》更是有史以来最大的百科全书。明成祖生于战火，死于征途，「永乐盛世」的文治武功「远迈汉唐」，乾隆帝除了满满的敬畏，还以乾隆三十八年（1773年）启动《四库全书》作为最有力的回应。乾隆三十八年以后题咏《西清砚谱》所载砚台的大臣，除了介福、彭启丰、陈孝泳与申甫，均参与编修《四库全书》。

四

乾隆十年（1745年），乾隆帝命任兰枝、蒋溥、刘统勋、彭启丰、张若霭、鄂容安、介福题咏「汉砖多福砚」，这次题咏被乾隆帝赋予了与政治、统治有关的内涵，对整个乾隆朝的未来走向和后续发展都意义深远。

雍正帝遗诏允禄、允礼、鄂尔泰和张廷玉辅佐乾隆帝。允礼于乾隆三年（1738年）病故，允禄于四年罢职，剩下鄂尔泰和张廷玉，彼此明争暗斗，争权夺利，党同伐异。乾隆帝洞若观火，深恶痛绝，绝不姑息纵容，逐步限制并最终将其铲除。

张若霭是张廷玉之子，鄂容安是鄂尔泰之子，介福、鄂容安与题咏「宋米芾兰亭砚」的嵩贵都是在雍正十三年（1735年）十月由乾隆帝钦点入值南书房，且介福是康熙帝舅舅佟国纲之孙、康熙帝表兄弟鄂伦岱之子，作为皇亲国戚，地位、身价远高于张若霭和鄂容安。任兰枝、蒋溥、彭启丰、刘统勋累受雍正帝、乾隆帝提携。

刘统勋于乾隆六年（1741年）十二月上奏乾隆帝：

伏见大学士张廷玉，历事三朝……晚节当慎，外间舆论，动云桐城张姚两姓，占却半部缙绅，此盈满之候，而倾覆之机所易伏也。窃闻圣祖仁皇帝时，曾因廷臣升转太速之员，特谕停止升转……臣愚以为……将张姚两姓，部册有名者……若系亲房近支，累世密戚，现任之员，开列奏闻，自命下之日为始，三年之内，停其升转。

刘统勋认为朝廷内张廷玉的亲戚为官太多，应该效仿康熙帝的做法，在三年之内停止这些官员的『升转』，以免树大招风、晚节不保，其实是批评张廷玉搞朋党，破坏乾隆帝的威信。

大学士张廷玉，亲族人众，因而登仕籍者亦多，此固家运使然，然其亲族子弟等，或有矜肆之念，为上司者，或有瞻顾之情，则非大学士所能料及也。今一经查议，人人皆知谨饬检点，转于大学士张廷玉有益。刘统勋所请裁抑之处，着该部查议具奏[22]。

乾隆帝同意刘统勋的上奏，和刘统勋一样，以保全张廷玉名节为由，要张廷玉的亲戚故旧『谨饬检点』加以收敛，从而『裁抑』其权势。乾隆帝与刘统勋君臣之间一唱一和，好话说尽，留给张廷玉的时间和机会已经不多了。

乾隆帝命介福、蒋溥、彭启丰、任兰枝，尤其是对张廷玉颇有微词的刘统勋，与张若霭、鄂容安一起题咏『汉砖多福砚』，其打击朋党、绝不罢手的决心和意志，警告、敲打、抑制、围剿张廷玉、鄂尔泰的目的已经不言自明，如有不轨，杀机四伏，就自求多福吧。

乾隆十年（1745年）四月，鄂尔泰逝世，其团伙也随之瓦解，乾隆帝并没有放弃警惕，头脑依然清醒，乘胜追击，力求全胜。老谋深算的张廷玉如不自剪羽翼是难以善终的。历史进程也是如此，继鄂尔泰之后，张廷玉重蹈覆辙，乾隆帝牢牢执掌天下大权，再无朋党之患，为『乾隆盛世』打下坚实基础。

结语

乾隆十年（1745年），乾隆帝命大臣题咏6方汉砚，十六年题咏『宋宣和澄泥砚』，四十年题咏『宋宣和梁苑雕龙砚』，四十一年题咏『宋米芾兰亭砚』，四十二年题咏『宋苏轼从星砚』，四十三年题咏『明制瓦砚』，『宋苏轼龙珠砚』由张照单独题咏，题咏时间待定。

乾隆帝终其一生对清宫藏的书画、青铜器、砚台、印章、古籍善本、钱币等进行了多次整理，并陶醉其中，其他如古墨、玉器、古琴、瓷器、珐琅、兵器、缂丝、鼻烟壶、佛像、珠串、家具、钟表等等，乾隆帝也都兴趣浓厚，把玩不厌。在大臣们的配合下，乾隆帝将嗜好一步步、一部部转变为关于文字、图谱的著录。冲击、阻碍文治大业的朋党，乾隆帝绝不留情。

绝大多数题咏《西清砚谱》所载砚台的大臣，明确参与了《秘殿珠林初编》、《石渠宝笈初编》、《西清古鉴》、《金薤留珍》、《明贤象牙章》、《秘殿珠林石渠宝笈续编》、《西清砚谱》、《西清续鉴甲编》、《西清续编乙编》、《天禄琳琅书目》、《天禄琳琅》藏书、《四库全书》等乾隆帝的文化大业。《宁寿鉴古》应该也与其中的大臣有关。但这些大臣没有一个成为能与苏轼、米芾比肩的划时代的巨人，而且这些编纂、整理在质量上也是参差不齐，良莠不分，多有凑数之嫌。石渠阁、天禄阁、宋徽宗、明成祖之外，奎章阁、项元汴，甚至是贰臣梁清标、包衣安岐都不是那么轻易可以被权力所遮盖的。

注　释：

［1］《清高宗御制诗初集》卷二十六。

［2］〔清〕张照等撰：《秘殿珠林石渠宝笈汇编9・石渠宝笈三编（二）》，北京出版社，2004年，第1256页。

［3］中国第一历史档案馆、香港中文大学文物馆合编：《清宫内务府造办处档案总汇》第14册，人民出版社，2005年，第44—45页。

［4］中国第一历史档案馆、香港中文大学文物馆合编：《清宫内务府造办处档案总汇》第14册，人民出版社，2005年，第659页。

［5］《清高宗实录》乾隆十一年五月上。

［6］介福，旗人，佟佳氏，字景庵，官至侍郎。

［7］嵩贵，蒙古族，官至内阁学士。

［8］申甫，字及甫，扬州人，官至副都御史。

［9］徐邦达著：《徐邦达集十古书画伪讹考辨（壹）》，故宫出版社，2015年，第287—288页。

［10］《西清砚谱》卷一『汉未央宫东阁瓦砚』。

［11］中国第一历史档案馆、香港中文大学文物馆合编：《清宫内务府造办处档案总汇》第7册，人民出版社，2005年，第653页。

［12］中国第一历史档案馆、香港中文大学文物馆合编：《清宫内务府造办处档案总汇》第10册，人民出版社，2005年，第715页。

［13］〔清〕汪由敦撰，张秀玉、陈才校点：《松泉集下》，黄山书社，2016年，第619—620页。

［14］《清高宗御制诗初集》卷三十一。

［15］中国第一历史档案馆、香港中文大学文物馆合编：《清宫内务府造办处档案总汇》第14册，人民出版社，2005年，第642页。

［16］〔清〕汪由敦撰，张秀玉、陈才校点：《松泉集下》，黄山书社，2016年，第624—625页。

［17］转引自陈芳：《马衡先生与〈金薤留珍〉印谱》，《西泠艺丛》2022年第10期。

［18］《西清砚谱》卷三『宋宣和梁苑雕龙砚』。

［19］〔清〕王际华著，张升整理：《王际华日记》，凤凰出版社，2021年，第177页。

［20］〔清〕王际华著，张升整理：《王际华日记》，凤凰出版社，2021年，第211页。

［21］《西清砚谱》卷六『明制瓦砚』。

［22］《清高宗实录》乾隆六年十二月上。

乾隆帝题咏清宫藏砚年表[1]

◎刘晓天 整理

雍正十年壬子（1732年）

春题咏『松花玉翠云砚』[2]。

乾隆二年丁巳（1737年）

夏五月题咏『松花石蟠螭砚』[3]。

乾隆十年乙丑（1745年）

题咏『古陶三友』：『汉未央宫东阁瓦砚』『汉铜雀瓦砚第一砚』[4]和『汉未央宫北温室殿瓦砚』[5]，命梁诗正、张若霭、董邦达、汪由敦、励宗万、陈邦彦、裘日修题咏『汉未央宫东阁瓦砚』[6]『汉未央宫北温室殿瓦砚』[7]『汉铜雀瓦砚第一砚』[8]『汉铜雀瓦砚第三砚』[9]『汉铜雀瓦砚第六砚』[10]，命任兰枝、蒋溥、刘统勋、彭启丰、张若霭、鄂容安、介福题咏『汉砖多福砚』[11]。

乾隆十一年丙寅（1746年）

春二月题咏『晋玉堂砚』[12]。

乾隆十四年己巳（1749年）

长至作《御制古砚铭有序》；

仲冬题咏『唐观象砚』『唐菱镜砚』『唐石渠砚』『宋垂乳砚』『宋黝玉砚』『宋紫云砚』『宋翠涛砚』『宋晕月砚』

『宋方井砚』『元凝松砚』[13]。

乾隆十六年辛未（1751年）

题咏『宋宣和澄泥砚』[14]，并命蒋溥、汪由敦、梁诗正、刘统勋题咏该砚[15]。

乾隆三十四年己丑（1769年）

题咏『汉铜雀瓦砚第五砚』[16]。

乾隆三十九年甲午（1774年）

余月题咏『旧端石饮鹿砚』[17]；

嘉平月题咏『宋文天祥玉带生砚』[18]。

乾隆四十年乙未（1775年）

孟春月题咏『旧端石太极砚』[19]；

仲春月上澣题咏『宋陆游素心砚』[20]；

仲春月题咏『宋宣和梁苑雕龙砚』[21]，并命曹文埴、沈初、金士松、陈孝泳、于敏中、王际华、梁国治、王杰、彭元瑞、董诰题咏该砚[22]；

春题咏『汉砖石渠砚』[23]『旧端石海天浴日砚』[24]；

孟秋题咏『旧澄泥玉堂砚第一砚』[25]。

是年题咏『宋端石登瀛砚』[26]『仿唐菱镜砚第二砚』[27]。

乾隆四十一年丙申（1776年）

新正题咏『仿唐观象砚』[28]；

孟春题咏『宋澄泥虎符砚第四砚』[29]；

秋题咏『宋米芾兰亭砚』[30]，命于敏中、梁国治、周煌、嵩贵、刘墉、申甫题咏该砚[31]。

是年题咏『澄泥砖砚』[32]『澄泥墨砚』[33]。

乾隆四十二年丁酉（1777年）

新正月上澣题咏『宋宣和风字暖砚』[34]；

新春题咏『宋苏轼从星砚』，命于敏中、梁国治、沈初、彭元瑞、董诰、刘墉、金士松、陈孝泳题咏该砚[35]。题咏『宋澄泥石函砚第一砚』[36]『宋端石海天砚』[37]『仿唐菱镜砚第一砚』[38]；

新春月题咏『宋宣和八柱砚』[39]；

春题咏『宋澄泥虎符砚第三砚』[40]『唐石渠砚第二砚』[41]。

是年题咏『宋米芾远岫奇峰砚』[42]『宋端石黼文砚』[43]『宋端石归去来辞砚』[44]。

乾隆四十三年戊戌（1778年）

闰四月题咏『旧澄泥钟砚』[45]；

仲春月上澣题咏『红丝石风字砚』[46]；

仲春上澣题咏『宋澄泥黼黻綯纹砚』[47]；

仲春月题咏『明林春泽人瑞砚』[48]；

仲春题咏『宋端石三星砚』[49]『宋端石聚奎砚』[50]『宋端石列宿砚』[51]『旧澄泥方池砚』[52]『旧端石梅朵砚』[53]；

春日题咏『旧澄泥伏犀砚』[54]『旧绿端浴鹅砚』[55]；

春题咏『宋端石睿思东阁砚』[56]『宋薛绍彭兰亭砚』[57]；

仲夏月题咏『宋澄泥虎符砚第一砚』[58]『宋澄泥仿唐石渠砚』[59]『唐澄泥六螭石渠砚』[60]『宋端石石渠秘阁砚』[61]；

仲夏题咏『宋澄泥璧水砚』[62]『宋蕉白太素砚』[63]『宋端溪天然子石砚』[64]『宋端石腾蛟砚』[65]『宋端石五丁砚』[66]『明李梦阳端石圭砚』[67]『旧歙溪石函鱼藻砚』[68]『仿澄泥虎伏砚』[69]『仿古澄泥六砚』之『仿汉未央砖海天初月砚』[70]『旧端石七螭砚』[71]『旧端石雁柱砚』[72]；

夏题咏『宋澄泥直方砚』[73]『宋晁补之玉堂砚』[74]『宋米芾螽斯瓜瓞砚』[75]『宋紫端石渠砚』[76]『宋紫端云腴砚』[77]『宋蕉白七子砚』[78]『宋蕉白文澜砚』[79]『元释海云端石砚』[80]『明杨明时子石科斗砚』[81]『旧端石荷叶砚』[82]『旧

端石饕餮夔纹砚』[83]『旧端石云芝砚』[84]『旧端石瑞芝砚』（即『宋端石九芝砚』）[85]『旧歙溪金星石玉堂砚』[86]『朱彝尊井田砚』[87]『紫金石太平有象砚』[88]；

夏日题咏『宋端石重卦砚』[89]；

夏月题咏『旧蕉白双螭瓦式砚』[90]『旧紫端朗月竦星砚』[91]；

季夏题咏『旧蕉白龙池砚』[92]『旧洮石黄标砚』[93]；

是年题咏『汉铜雀瓦砚第二砚』[94]『宋张栻写经澄泥砚』[95]『宋澄泥石函砚第一砚』[96]『宋澄泥蟠螭砚』[97]『宋澄泥夔纹砚』[98]『明制瓦砚』，并命于敏中、梁国治、董诰、王杰、金士松、陈孝泳题咏该砚[99]，题咏『宋澄泥海涛异兽砚』[100]、『旧澄泥玉堂砚第二砚』[101]、『旧澄泥藻文石渠砚』[102]、『旧澄泥四直砚』[103]、『宋宣和洗象砚』[104]、『宋宣和八卦十二辰砚』[105]、『宋苏轼东井砚』[106]、『宋苏轼龙珠砚』[107]、『宋杨时金星歙石砚』[108]、『宋郑思肖端石砚』[109]、『南宋兰亭砚』[110]、『宋合璧端砚』[111]、『宋端石货币砚』[112]、『宋端石风字砚』[113]、『宋端溪子石蟠桃核砚』[114]、『宋端石三虎砚』[115]、『宋端石凤池砚』[116]、『宋端石紫袍金带砚』[117]、『宋紫端涵星砚』[118]、『宋䐶村石凤池砚』[119]、『元赵孟頫松化石砚』[120]、『明项元汴东井砚』[121]、『旧端石牟星砚』[122]、『旧端石蝉砚』[123]、『旧端石石田砚』[124]、『旧端石蟠夔钟砚』[125]、『旧端石洛书砚』[126]、『旧端石松皮砚』[127]、『旧端石括囊砚』[128]、『旧端石星罗砚』[129]、『旧端石海日初升砚』[130]、『旧端石骊珠砚』[131]、『旧端石天然六星砚』[132]、『旧端石四螭砚』[133]、『旧端石环螭风字砚』[134]、『旧端石辘轳砚』[135]、『旧端石云雷编钟砚』[136]、『旧端石七星石渠砚』[137]、『旧蕉白绒锁砚』[138]、『旧蕉白双螭砚』[139]、『旧蕉白瓠叶砚』[140]、『旧蕉白瓜瓞砚』[141]、『旧龙尾石日月叠璧砚』[142]、『旧䐶村石玉堂砚』[143]、『旧䐶村石兰亭砚』[144]、『驼基石五螭砚』[145]、『红丝石四直砚』[146]、『澄泥八方砚』[147]、『仿古澄泥六砚』之『仿唐八棱澄泥砚』[148]、『仿古澄泥六砚』之『仿宋德寿殿犀文砚』[149]；

乾隆四十四年己亥（1779年）

春题咏『宋端石洛书砚』[150]；

是年题咏『宋澄泥蟠夔石渠砚』[151]。

乾隆四十六年辛丑（1781年）

题咏『旧端石浮鹅砚』[152]『宋端石绶带砚』『洪迈澄泥玉堂砚』[153]『苏轼珮首石渠砚』『再题「米芾天然端石砚」』（即『宋米芾远岫奇峰砚』）[154]『米芾平直砚』『宋端石凤池小砚』（即『旧端石凤池砚』）[155]『冯子振七星凤池砚』[156]『宋澄泥石渠砚』『宋米芾螽斯瓜瓞砚』『梁清标端石蕉叶砚』『项元汴端石四螭砚』[157]『宋端石仿唐石渠砚』『宋澄泥虎符砚』[158]『澄泥瓦砚』[159]。

乾隆四十七年壬寅（1782年）

题咏『陈淳绿端石平安砚』『宋端石星柱砚』[160]『周必大天池云带砚』『苏轼澄泥鹅戏砚』『古铜壶砚』『宋坑子石荷叶砚』『文嘉旧端九芝砚』[161]『旧端石瓜瓞砚』『宋宣和二十八宿砚』『宋端石兰亭砚』『宋端石石渠砚』[162]『赵孟頫宋端石玉堂砚』[163]『宋端石嘘云砚』『宋陆佃端石什一砚』『宋绿端石砚』[164]『文徵明金星歙石玉堂砚』『宋澄泥直方砚』[165]『宋澄泥天马砚』『宋端石三十六洞砚』[166]『王世贞涵星砚』『姜夔紫端七星砚』[167]。

乾隆四十八年癸卯（1783年）

题咏『周天球端石开泰砚』[168]『未央瓦砚』『楼钥瀛海砚』[169]『澄泥玉堂砚』『宋端云龙九九砚』[170]『旧端石珠斗砚』『旧端石兰亭砚』[171]『宋蕉白玉堂砚』『黄庭坚仪象砚』『旧澄泥水面梅花砚』『宋宣和骊珠砚』[172]。

乾隆四十九年甲辰（1784年）

题咏『宋端石海天旭日砚』『旧绿端石蓬莱道山砚』[173]。

乾隆五十年乙巳（1785年）

题咏『宋紫端石九龙砚』[174]『宋元符虢州澄泥砚』『苏轼澄泥半碣砚』『旧澄泥蟠夔砚』[175]『王问四灵砚』[176]『周天球玉堂砚』『宋米芾龙纹砚』[177]『明绿端石兰亭砚』『汉建安砖太极砚』『元班惟志宋端天乙砚』[178]『黄庭坚秋叶砚』『唐柳公权风字砚』[179]。

乾隆五十一年丙午（1786年）

题咏『歙石龙象砚』[180]『张雨天然如意砚』『宣德蓬岛仙壶砚』『宋端石映月砚』『宋澄泥仿唐石渠砚』[181]『宋蔡元定玉堂砚』『宋紫端凫砚』[182]『明赵宧光澄泥石函砚』『宋辛文悦金星龙尾砚』[183]『宋澄泥五岳真形砚』[184]。

乾隆五十二年丁未（1787年）

题咏『黄仁端石玉堂砚』『王绂端石玉堂砚』『宋澄泥凤镜砚』[185]『旧端石兰亭砚』[186]『旧端石玉堂砚』[187]。

乾隆五十三年戊申（1788年）

题咏『旧端石直方砚』『旧澄泥石渠砚』[188]。

乾隆五十五年庚戌（1790年）

题咏『洮石兰亭砚』[189]。

乾隆五十六年辛亥（1791年）

题咏『汉长生无极瓦头砚』[190]。

乾隆五十七年壬子（1792年）

题咏乾清宫五砚[191]（『汉砖多福砚』『宋端石九芝砚』『宋端石荷叶砚』『宋端石睿思东阁砚』『松花玉翠云砚』）和『宋均窑砚』[192]。

乾隆五十九年甲寅（1794年）

题咏『元结痦亭砚』[193]『均窑砚』[194]。

嘉庆元年丙辰（1796年）

题咏『宋端石二十八宿砚』[195]。

注释：

[1]本表主要以《西清砚谱》和《清高宗御制诗文全集》为依据，但是发现部分《西清砚谱》所载砚台乾隆帝的题咏时间与《清高宗御制诗文全集》的记载并不一致，如不一致，以《西清砚谱》记载为准，并注明《清高宗御制诗文全集》的记载，以作参考。无乾隆帝题咏时间的《西清砚谱》所载砚台和没有入编《西清砚谱》的砚台，则以《清高宗御制诗文全集》记载时间为准。

[2]《西清砚谱》卷二十二附录『松花玉翠云砚』。

[3]《西清砚谱》卷二十二附录『松花石蟠螭砚』。

[4]《清高宗御制诗初集》卷二十六。

[5]〔清〕张照等撰：《秘殿珠林石渠宝笈汇编9·石渠宝笈三编（二）》，北京出版社，2004年，第1256页。

[6]《西清砚谱》卷一『汉未央宫东阁瓦砚』。

[7]《西清砚谱》卷一『汉未央宫北温室殿瓦砚』。

[8]《西清砚谱》卷一『汉铜雀瓦砚第一砚』。

[9]《西清砚谱》卷一『汉铜雀瓦砚第三砚』。

[10]《西清砚谱》卷一『汉铜雀瓦砚第六砚』。

[11]《西清砚谱》卷二『汉砖多福砚』。

[12]《西清砚谱》卷七『晋玉兰堂砚』。

[13]《西清砚谱》卷十『宋晕月砚』。

[14]《清高宗御制诗二集》卷二十二。

[15]《西清砚谱》卷三『宋宣和澄泥砚』。

[16]《西清砚谱》卷一『汉铜雀瓦砚第五砚』。

[17]《西清砚谱》卷十五『旧端石饮鹿砚』。

[18]《西清砚谱》卷九『宋文天祥玉带生砚』。

[19]《西清砚谱》卷十六『旧端石太极砚』。

[20]《西清砚谱》卷九『宋陆游素心砚』。

[21]《西清砚谱》卷七『宋宣和梁苑雕龙砚』。

[22]《西清砚谱》卷七『宋宣和梁苑雕龙砚』。

[23]《西清砚谱》卷二『汉砖石渠砚』。

[24]《西清砚谱》卷十六『旧端石海天浴日砚』。

[25]《西清砚谱》卷六『旧澄泥玉堂砚第一砚』。

[26]《西清砚谱》卷十『宋端石登瀛砚』。

[27]《西清砚谱》卷二十三附录『仿唐菱镜砚第二砚』。

[28]《西清砚谱》卷二十三附录『仿唐观象砚』。

[29]《西清砚谱》卷三『宋澄泥虎符砚第四砚』。

[30]《西清砚谱》卷九『宋米芾兰亭砚』。

[31]《西清砚谱》卷九『宋米芾兰亭砚』。

[32]《西清砚谱》卷二十二附录『澄泥砵砚』。

[33]《西清砚谱》卷二十二附录『澄泥墨砚』。

[34]《西清砚谱》卷七『宋宣和风字暖砚』。

［35］《西清砚谱》卷八『宋苏轼从星砚』。
［36］《西清砚谱》卷三『宋澄泥石函砚第一砚』。
［37］《西清砚谱》卷十『宋端石海天砚』。
［38］《西清砚谱》卷二十三附录『仿唐菱镜砚第一砚』。
［39］《西清砚谱》卷八『宋宣和八柱砚』。
［40］《西清砚谱》卷三『宋澄泥虎符砚第三砚』。
［41］《西清砚谱》卷二『唐石渠砚第二砚』。
［42］《西清砚谱》卷九『宋米芾远岫奇峰砚』。
［43］《西清砚谱》卷十『宋端石黼文砚』。
［44］《西清砚谱》卷十一『宋端石归去来辞砚』。
［45］《西清砚谱》卷六『旧澄泥钟砚』。
［46］《西清砚谱》卷二十三附录『红丝石风字砚』。
［47］《西清砚谱》卷四『宋澄泥黼黻絢纹砚』。
［48］《西清砚谱》卷十五『明林春泽人瑞砚』。
［49］《西清砚谱》卷十一『宋端石三星砚』。
［50］《西清砚谱》卷十一『宋端石聚奎砚』。
［51］《西清砚谱》卷十二『宋端石列宿砚』。
［52］《西清砚谱》卷六『旧澄泥方池砚』。
［53］《西清砚谱》卷十八『旧端石梅朵砚』。
［54］《西清砚谱》卷六『旧澄泥伏犀砚』。
［55］《西清砚谱》卷二十『旧绿端浴鹅砚』。
［56］《西清砚谱》卷八『宋端石睿思东阁砚』。
［57］《西清砚谱》卷九『宋薛绍彭亭砚』。
［58］《西清砚谱》卷三『宋澄泥虎符砚第一砚』。
［59］《西清砚谱》卷五『宋澄泥仿唐石渠砚』。
［60］《西清砚谱》卷二『唐澄泥六螭石渠砚』。
［61］《西清砚谱》卷十二『宋端石石渠秘阁砚』。
［62］《西清砚谱》卷五『宋澄泥壁水砚』。
［63］《西清砚谱》卷十三『宋蕉白太素砚』。
［64］《西清砚谱》卷十一『宋端溪天然子石砚』。
［65］《西清砚谱》卷十二『宋端石腾蛟砚』。
［66］《西清砚谱》卷十二『宋端石五丁砚』。
［67］《西清砚谱》卷十四『明李梦阳端石圭砚』。
［68］《西清砚谱》卷二十一『旧歙溪石函鱼藻砚』。
［69］《西清砚谱》卷二十三附录『仿澄泥虎伏砚』。
［70］《西清砚谱》卷二十四附录『仿汉未央砖海天初月砚』。
［71］《西清砚谱》卷十八『旧端石七螭砚』。
［72］《西清砚谱》卷十八『旧端石雁柱砚』。
［73］《西清砚谱》卷四『宋澄泥直方砚』。
［74］《西清砚谱》卷八『宋晁补之玉堂砚』。
［75］《西清砚谱》卷九『宋米芾螽斯瓜瓞砚』。
［76］《西清砚谱》卷十三『宋紫端石渠砚』。《清高宗御制诗

四集》卷七十八记载为乾隆四十六年辛丑（1781年）。

[77]《西清砚谱》卷十三『宋紫端云腴砚』。

[78]《西清砚谱》卷十三『宋蕉白七子砚』。

[79]《西清砚谱》卷十三『宋蕉白文澜砚』。

[80]《西清砚谱》卷十五『明杨明时子石科斗砚』。

[81]《西清砚谱》卷十六『旧端石荷叶砚』。

[82]《西清砚谱》卷十四『元赵孟頫松化石砚』。

[83]《西清砚谱》卷十六『旧端石饕餮夔纹砚』。

[84]《西清砚谱》卷十七『旧端石云芝砚』。

[85]《西清砚谱》卷十九『宋端石九芝砚』。

[86]《西清砚谱》卷二十一『旧歙溪金星石玉堂砚』。

[87]《西清砚谱》卷二十一『朱彝尊井田砚』。

[88]《西清砚谱》卷二十三附录『紫金石太平有象砚』。

[89]《西清砚谱》卷十二『宋端石重卦砚』。

[90]《西清砚谱》卷二十『旧蕉白双螭瓦式砚』。

[91]《西清砚谱》卷二十『旧紫端朗月疎星砚』。

[92]《西清砚谱》卷二十『旧蕉白龙池砚』。

[93]《西清砚谱》卷二十一『旧洮石黄标砚』。

[94]《清高宗御制诗四集》卷四十三。

[95]《西清砚谱》卷三『宋张栻写经澄泥砚』。

[96]《西清砚谱》卷三『宋澄泥石函砚第二砚』。

[97]《西清砚谱》卷四『宋澄泥蟠螭砚』。

[98]《西清砚谱》卷四『宋澄泥夔纹砚』。

[99]《西清砚谱》卷六『明制瓦砚』。

[100]《西清砚谱》卷五『宋澄泥海涛异兽砚』。

[101]《西清砚谱》卷六『旧澄泥玉堂砚第二砚』。

[102]《西清砚谱》卷六『旧澄泥藻文石渠砚』。

[103]《西清砚谱》卷六『旧澄泥四直砚』。

[104]《西清砚谱》卷七『宋宣和洗象砚』。

[105]《西清砚谱》卷八『宋宣和八卦十二辰砚』。

[106]《西清砚谱》卷八『宋苏轼东井砚』。

[107]《西清砚谱》卷八『宋苏轼龙珠砚』。张照题咏时间待定。

[108]《西清砚谱》卷九『宋杨时金星歙石砚』。

[109]《西清砚谱》卷九『宋郑思肖端石砚』。

[110]《西清砚谱》卷十『南宋兰亭砚』。

[111]《西清砚谱》卷十『宋合璧端砚』。

[112]《西清砚谱》卷十一『宋端石货币砚』。

[113]《西清砚谱》卷十一『宋端石风字砚』。

[114]《西清砚谱》卷十一『宋端溪子石蟠桃核砚』。

[115]《西清砚谱》卷十二『宋端石三虎砚』。

[116]《西清砚谱》卷十二『宋端石凤池砚』。

[117]《西清砚谱》卷十二『宋端石紫袍金带砚』。

[118]《西清砚谱》卷十三『宋紫端涵星砚』。

[119]《西清砚谱》卷十四『宋艭村石凤池砚』。

[120]《西清砚谱》卷十四『元赵孟頫松化石砚』。

[121]《西清砚谱》卷十五『明项元汴东井砚』。

[122]《西清砚谱》卷十六『旧端石年星砚』。

[123]《西清砚谱》卷十六『旧端石蝉砚』。《清高宗御制诗四集》卷八十记载为乾隆四十六年辛丑（1781年）。

[124]《西清砚谱》卷十七『旧端石石田砚』。《清高宗御制诗四集》卷八十一记载为乾隆四十六年辛丑（1781年）。

[125]《西清砚谱》卷十七『旧端石蟠夔钟砚』。

[126]《西清砚谱》卷十七『旧端石洛书砚』。

[127]《西清砚谱》卷十七『旧端石松皮砚』。

[128]《西清砚谱》卷十七『旧端石括囊砚』。

[129]《西清砚谱》卷十七『旧端石星罗砚』。《清高宗御制诗四集》卷七十八记载为乾隆四十六年辛丑（1781年）。

[130]《西清砚谱》卷十八『旧端石海日初升砚』。

[131]《西清砚谱》卷十八『旧端石骊珠砚』。

[132]《西清砚谱》卷十八『旧端石天然六星砚』。《清高宗御制诗四集》卷七十八记载为乾隆四十六年辛丑（1781年）。

[133]《西清砚谱》卷十八『旧端石四螭砚』。

[134]《西清砚谱》卷十八『旧端石环螭风字砚』。

[135]《西清砚谱》卷十九『旧端石辘轳砚』。《清高宗御制诗四集》卷七十九记载为乾隆四十六年辛丑（1781年）。

[136]《西清砚谱》卷十九『旧端石云雷编钟砚』。

[137]《西清砚谱》卷十九『旧端石七星石渠砚』。

[138]《西清砚谱》卷二十『旧蕉白绒锁砚』。

[139]《西清砚谱》卷二十『旧蕉白双螭砚』。

[140]《西清砚谱》卷二十『旧蕉白瓠叶砚』。

[141]《西清砚谱》卷二十『旧蕉白瓜瓞砚』。

[142]《西清砚谱》卷二十一『旧龙尾石日月叠璧砚』。

[143]《西清砚谱》卷二十一『旧艭村石玉堂砚』。《清高宗御制诗四集》卷七十九记载为乾隆四十六年辛丑（1781年）。

[144]《西清砚谱》卷二十一『旧艭村石兰亭砚』。

[145]《西清砚谱》卷二十三附录『驼基石五螭砚』。《清高宗御制诗四集》卷七十八记载为乾隆四十六年辛丑（1781年）。

[146]《西清砚谱》卷二十三附录『红丝石四直砚』。

[147]《西清砚谱》卷二十三附录『澄泥八方砚』。

[148]《西清砚谱》卷二十四附录『仿唐八棱澄泥砚』。

[149]《西清砚谱》卷二十四『仿宋德寿殿犀文砚』。

[150]《西清砚谱》卷十一『宋端石洛书砚』。

[151]《西清砚谱》卷五『宋澄泥蟠夔石渠砚』。

[152]《西清砚谱》卷十七『旧端石浮鹅砚』并无乾隆帝题咏时间，此处以御制诗记载为准。

[153]《清高宗御制诗四集》卷七十七。

[154]《清高宗御制诗四集》卷七十八。

[155]《西清砚谱》卷十五『旧端石凤池砚』并无乾隆帝题咏时间，此处以御制诗记载为准。

[156]《清高宗御制诗四集》卷七十九。

[157]《清高宗御制诗四集》卷八十一。

[158]《清高宗御制诗四集》卷八十二。

[159]《清高宗御制诗四集》卷八十三。

[160]《清高宗御制诗四集》卷八十五。

[161]《清高宗御制诗四集》卷八十六。

[162]《清高宗御制诗四集》卷八十七。

[163]《清高宗御制诗四集》卷八十八。

[164]《清高宗御制诗四集》卷八十九。

[165]《清高宗御制诗四集》卷九十。

[166]《清高宗御制诗四集》卷九十一。

[167]《清高宗御制诗四集》卷九十二。

[168]《清高宗御制诗四集》卷九十三。

[169]《清高宗御制诗四集》卷九十四。

[170]《清高宗御制诗四集》卷九十五。

[171]《清高宗御制诗四集》卷九十六。

[172]《清高宗御制诗四集》卷九十七。

[173]《清高宗御制诗五集》卷一。

[174]《清高宗御制诗五集》卷十一。

[175]《清高宗御制诗五集》卷十二。

[176]《清高宗御制诗五集》卷十三。

[177]《清高宗御制诗五集》卷十五。

[178]《清高宗御制诗五集》卷十六。

[179]《清高宗御制诗五集》卷十八。

[180]《清高宗御制诗五集》卷十九。

[181]《清高宗御制诗五集》卷二十。

[182]《清高宗御制诗五集》卷二十三。

[183]《清高宗御制诗五集》卷二十四。

[184]《清高宗御制诗五集》卷二十五。

[185]《清高宗御制诗五集》卷二十八。

[186]《清高宗御制诗五集》卷三十。

[187]《清高宗御制诗五集》卷三十一。

[188]《清高宗御制诗五集》卷三十五。

[189]《清高宗御制诗五集》卷五十六。

[190]《清高宗御制诗五集》卷六十二。
[191]《清高宗御制诗五集》卷六十九。
[192]《清高宗御制诗五集》卷七十四。

[193]《清高宗御制诗五集》卷八十七。
[194]《清高宗御制诗五集》卷九十。
[195]《清高宗御制诗余集》卷二。